批判性思维教与学

帮助学生质疑假设的方法和工具

[美] 斯蒂芬·D. 布鲁克菲尔德（Stephen D. Brookfield）◎著
钮跃增◎译　谷振诣◎校

TEACHING FOR CRITICAL THINKING

TOOLS AND TECHNIQUES TO HELP STUDENTS QUESTION THEIR ASSUMPTIONS

中国人民大学出版社
·北京·

推荐序

本书的基本假设：存在贯通不同学科、贯通学科知识与日常生活的批判性思维。这种批判性思维是什么呢？就是揭示和查验左右我们的思维和决定我们行动的假设，以便从多个角度审视我们的观念和决定，采取明智的行动。或者说，批判性思维是确保我们的假设能准确引导我们的行动实现预期效果的习惯。培养这种习惯的批判性思维过程由四个步骤组成：

(1) 辨识左右我们思维和决定我们行动的假设。

(2) 查验假设的准确性和可靠性程度。

(3) 从多个角度审视我们的观念和决定（知识的、组织的、私人的）。

(4) 在以上三步的基础上，采取明智的行动。

这样界定的批判性思维，其中心焦点是假设，将批判性思维理解为辨识、挖掘假设，以及评估、检验假设的准确性和可靠性的思维过程，其目的是为了确保我们所依赖的假设，能准确地引导我们做出明智的决定，也就是能够使行动实现预期效果的决定。这样的定义预设：假设与我们的观念和行动具有高度的相关性。无论是明智的决定还是愚蠢的决定，都与做决定时所依赖的假设高度相关。那么，什么是假设呢？

> 假设是将真理性观念根植在我们思想观念中的向导，它们是左右我们如何做决定和采取何种行动的日常准则。

例如，我在生活中宁愿用已有的钱买 80 平方米的房子，而绝不通过追加贷款去买 120 平方米的房子。我坚持这个观念并付诸行动，这个观念及其行动所依赖的假设是：除非迫不得已，否则决不贷款买房。这个假设就是我的一条生活准则，它的背后还藏着一条更大的生活准则：挣多少钱就花多少钱，决不负债度日。在我们持有的观念或行动的背后，总有支撑它们的准则，这些准则就是假设。

反过来看，我坚持挣多少钱就花多少钱、决不负债度日的生活准则，无论我是否清楚、准确地意识到这一点，通常就不只是体现在买房的观念和行动上，我也不大可能去贷款或向其他人借钱买汽车。当我的妻子想要这样做的时候，我很有可能与她发生激烈的争吵，认为这样做是不应该的、没必要的、会带来不利后果的。也就是说，挣多少钱就花多少钱的准则，将与之相关的真理性观念根植在我的思想观念中，它制约着我在消费方面的观念和决定。

一门学科或一种理论也有它的假设，通常称为“学科规范”或“理论规范”，这些规范是使学科之内或理论之内的知识成为合法性真知的保证。这类规范可分两种：一种是内容规范，比如物理学中的万有引力定律、波义耳定律等；另一种是认知规范，确定某个学科知识的方法，比如科学研究中的假说演绎法，对假说进行检验、确证或反驳的方法。无论是内容规范还是认知规范，都是专业人士创造的产物，通常被专业学会奉为金科玉律。然而，正如库恩所说，随着时间的推移，专业人士会改变他们的认知规范和内容规范——使学科知识合法化、真理化的范式。因而，最好将这类范式看作一个学科的基本假设。

例如自然发生说，自然发生说的基本假设：生物是从无生命物质自然发生的。比如，亚里士多德认为，晨露和黏液或粪土相结合就会产生萤火虫、蠕虫或黄蜂的幼虫。假定大自然把自然发生作为生物繁殖的准则（A），那么，蛆是肉在阳光、水分、氧气等条件下腐烂而自发生成的（a_1），a_1 就是与 A 高度相关的一个真理性观念。意大利生物学家雷迪第一个向自然发生说发起了挑战，他于 1668 年做了实验：把牛肉、羊肉等不同种类的肉放在敞口的瓶子里，几天后瓶子中的腐肉都长出了蛆；他又把同样的肉放进用纱布封口的瓶子里，几天后瓶子里的肉腐烂了，却没有生出蛆来。他观察到，蛆是由苍蝇产在肉上的卵长成的，蛆进一步成长会变成小苍蝇。由此他假设：生命不是自然发生的，一个生命出自另一个生命。

直到 1900 年，自然发生说才在科学界彻底退出历史舞台。如果我们坚持自然发生说，那就意味着必须相信所有疾病都是自发产生的。如果我们相信所有疾病都是自发产生的，那就意味着我们在治疗和预防方面所做的努力是徒劳无益的。比如，强迫医生在为孕妇检查或接生时用消毒水洗手，术前对手术器械进行消毒等，这些都是愚蠢的举动。因为这些举动意味着医生的手和手中的器械不干净是导致患者得病的一个原因，这不仅在自然发生说主导的医学理论中毫无根据，而且严重侵犯了医生的尊严。随着微生物学、病毒学和免疫学的发展壮大，雷迪的一个生命出自另一个生命的假设，不断得到检验和证实。这个假设颠覆了自然发生说，它不仅改变了医学事业的传统范式，也改变了日常生活的范式，比如饭前洗手、睡前刷牙、碗筷消毒、婴儿出生后注射各种疫苗，等等。也就是说，随着医学假设，亦即医学范式的改变，与之相关的真理性观念也会改变。

布鲁克菲尔德区分了假设的三种基本类型：因果型假设、规范型假设和范式型假设。为了辨识这三类假设，来看一个例子。

维也纳综合医院妇产科有两个门诊：第一门诊由专业医生和医学院的学生负责接生产妇，第二门诊由业余的助产士负责接生产妇。1846 年，第一门诊的产妇患产褥热的死亡率全年的均值是 11.4%，同期，第二门诊患产褥热的死亡率均值只有 2.7%。按常理说，第一门诊的产妇由专业医生和医学院的学生接生应该是降低产褥热死亡率的优势，不大可能是产褥热死亡率高发的原因。

塞梅尔魏斯是第一门诊的年轻医师，他的同事和好友科勒契卡，在一次对患产褥热致死的尸体进行解剖时，不慎割伤了手指，结果得了与产褥热类似的疾病，几天后就去世了。塞梅尔魏斯把科勒契卡事件与医生时常做完尸体解剖后去给孕妇检查或接生的行为联系起来，他猜想：在尸体解剖时，医生和学生的手沾上了“尸体微粒”（当时还没有细菌的概念），然后在检查或接生时传到了产妇的体内，导致产妇得了产褥热。

“尸体微粒”导致产妇得了产褥热。这就是一个因果型假设，它是对已经发生的高死亡率原因的解释。基于这个假设，塞梅尔魏斯进行推理，假如让医生和学生在为孕妇检查和接生前将手洗干净，很有可能会降低死亡率。于是，他就在第一门诊强制医生和学生在接生前，用0.5%浓度的漂白水洗手，结果在1847年的6—10月，患产褥热的死亡率均值降到1.06%，低于同期第二门诊的1.33%。用漂白水洗手会降低患产褥热的死亡率，这也是一个因果型假设，它是对当下采取某个行动会在未来产生什么效果的预测。

布鲁克菲尔德认为，因果型假设具有“如果做了A，B将会发生”的形式，其中有一种是解释性假设，也就是“通过确定一个特定事件的原因，来解释这个事件为什么会发生”。比如，医生手脏是第一门诊的产妇患产褥热的死亡率居高的原因。还有一种是预测性假设，也就是“通过设想特定的决定或行动将会产生什么后果和效果，对未来做出预测”。比如，设想采取洗手的措施会降低患产褥热的死亡率。解释性假设指向过去，预测性假设指向未来。预测性假设通常要以解释性假设为前提，采取洗手的措施以“尸体微粒”说为前提。再如，你认为限制小明上网玩游戏的时间，会阻止他学习成绩的下滑。这个预测性假设依赖另一个解释性假设，小明学习成绩的下滑是由不受限制地玩游戏造成的。

规范型假设是我们就如何思考和行动的方式、方法或途径所持有的假设，它们通常包括“应该”这个词。比如，“幸福的婚姻是夫妻之间应该对彼此保持绝对的诚实”“好学生应该有节制地玩网络游戏”“医生在做手术前应该对手术器械进行严格消毒”，等等。规范型假设勾画出好的夫妻关系应该是什么样的，好学生应该是什么样的，优质的手术应该怎么做，等等。也可以这么说，我们的社会习俗、国家制度、道德规范、法律法规、经济分配方式、各行业的职业操作规程等，都属于规范型假设，假设人们在具有这样规范的社会中生活是自由的、公正的、平等的、民主的、有序的、和谐的、幸福的。

范式型假设是我们深信不疑的左右我们对世界整体看法的假设。不论在一个学科中，还是在一个人的生活观念中，范式型假设都是隐藏最深、被确信程度最高而又最不易被觉察的假设。比如，从亚里士多德所处的时代直到 17 世纪中期，医学界深信不疑的假设——大自然把自然发生作为生物繁殖的原则。“尸体微粒”导致产妇得了产褥热，这是因果型假设；医生在给孕妇检查或接生前必须用漂白水洗手，这是规范型假设；产褥热不是在孕妇体内自发产生的，而是由外部的细菌感染造成的，对之进行高度概括，就是一个生命出自另一个生命，这便是范式型假设，通常把经过这样高度概括得来的断言称为“世界观”。

再如，我坚持挣多少钱就花多少钱的准则，这个准则是我的一个规范型假设，其背后还有支撑这个准则的人生观——凡是超出自己的能力而强求做某事的人，就是既无知又愚蠢的人，这个人生观就是一个范式型假设。所谓“人生观”就是你对怎样活着才有劲、有味、有趣的断言。范式型假设很难被发现，难于发现的一个原因是即使发现它，你也不愿意承认它。比如，我决定生二胎，对此可以给出许多理由。若有人指出其深层根源是传宗接代、重男轻女、大男子主义（男权观念），我会大发雷霆。重男轻女、大男子主义和宗族观念都是范式型假设，它们左右着我们广泛的观念和行动，可我们并不觉得是如此。

范式型假设的改变是一种革命，科学史上多次重大的科学革命都是重新界定范式型假设的产物。我们有幸活在生活范式频繁变革的时代，我们对农业社会的生活范式并不陌生，工业社会的生活范式我们还没有建立起来，现在要求我们做的却是构建信息社会的生活范式。工业社会就是用机器代替人的体力劳动的社会，当山西的商人用驼队向俄罗斯贩运茶叶，见到在横贯西伯利亚的铁路上奔驰的火车时，还能为驼队的运输能力、贩运茶叶的传统范式感到自豪和骄傲吗？信息社会就是用电脑代替人的脑力劳动的社会，当世界的超一流棋手都败给“阿尔法狗”（AlphaGo，围棋软件，升级版称 Master），无人机投入实战已成为现实时，棋战和空战的传统范式正在得到实质性的改变。我们今天生活在信息社会，假如依然坚持农业社会的生活范式，那将苦不堪言。

理解布鲁克菲尔德的假设概念要注意以下三点：

其一，他对显性假设与隐性假设的区分，意味着那些由他或她明确意识到或明确表达出的前提是假设，那些他或她没有觉察到或没有明确表达出的前提也是假设，前者称为“显性假设”，后者称为“隐性假设”。源于分析哲学与逻辑学的批判性思维专家，通常将前者称为“前提”，将后者只称为“假设”。布鲁克菲尔德在更加宽广的意义上使用假设的概念，这是阅读此书或运用他所提供的训练方法进行训练时，需要特别注意的一点。

其二，同一个陈述可以表达三种类型的假设。布鲁克菲尔德举了这样的例子：“如果约翰高兴，全家都会高兴。”他说：“最有趣的是这一假设，它既可以是因果型的，也可以是规范型的，还可以是范式型的。”但是，他没有具体解释。我的理解是，将之理解为因果型假设：约翰高兴是全家高兴的原因。假如把它理解为对以往生活经验的概括，每当约翰高兴，全家就高兴，它便是解释性假设。假如把它理解为对未来情况的预测，一旦约翰高兴，全家就会高兴，它便是预测性假设。将之理解为规范型假设是：做让约翰高兴的事，就是在做让全家高兴的事。将之理解为范式型假设是：约翰是否高兴决定了全家是否高兴。与之相关的高度概括是：约翰是一个典型的大男子主义者。这种理解不仅将“约翰高兴”理解为“全家高兴”的充分条件，也将“约翰高兴”理解为“全家高兴”的必要条件，好比说，别惹约翰不高兴，那会闹得全家都不高兴。当我们在日常生活中说“如果约翰高兴，全家都会高兴”时，确实隐含着它的反面“别惹约翰不高兴，否则会闹得全家都不高兴”。

其三，布鲁克菲尔德一再强调对假设不论对错，只论是否适宜，也就是与特定的环境、背景和条件协调一致、相应相称。判断哪种假设更合理的时候，要尽量认清相应的条件。能否对特定假设有一个明智的判断，取决于我们是否了解相应条件的全部信息。我们经常以为自己相信的假设十分合理，事实却并非如此。

基于以上对假设概念的阐释，布鲁克菲尔德对什么是批判性思维做了进一步的确切描述：

> 批判性思维指的是让学生明确意识到两类假设的过程：一类

是让学生查明学者在专业领域内所持有的如何创造和发展正规知识的假设；另一类是让学生查明左右他们自己的思维和行动的假设。批判的思考要求我们查验自己和他人所持有的假设，评估与假设相关的证据的准确性和可靠性，从多个角度审视我们的观念和行动。一个能批判性思考的人更有资格采取明智的行动，也就是以证据为基础的更有可能达到预期效果的行动。

写这篇序的主要意图是帮助读者理解布鲁克菲尔德的假设概念，以及他以假设为核心的批判性思维定义。尽管如此，教师在对学生进行批判性思维训练时，对完成辨识假设及其类型、挖掘隐性假设、评估假设的准确性和可靠性等思维任务，仍然会感到极其困难，这是任何一个从事批判性思维教育的人共同面对的挑战，尤其是在面对离开标准答案就不知所措，乃至抱怨重重的学生时，困难和挑战会更大。然而，以辨识假设、挖掘隐性假设、评估假设的准确性和可靠性为主干的开放式思维训练，对松动学生板结的思维土壤、激发思维个体的活性、培养师生的假设性思考方式，意义非凡。教师要有迎接各种挑战的心理准备，要有不断克服困难的意志，相信熟能生巧，坚信做难事必有所得。以下对该书的有用性做几点扼要评论：

其一，以假设为核心的批判性思维定义，确实能将不同学科、学科知识与日常生活中的批判性思维贯通起来。布鲁克菲尔德不但举了大量例子来论证这一点，而且在第二章分析了批判性思维的五个理论来源，分析哲学与逻辑学、自然科学、实用主义、心理分析、批判理论。识别、挖掘、评估假设是这五个理论都很重视的共同点和重点。

贯通性的批判性思维理念，对单独开设批判性思维课程，以及将批判性思维融入学科教学，都有很大帮助。

其二，分析哲学和逻辑学从推理技术的角度界定假设，将之定义为结论所依赖的未明确表达的前提。这种定义对评估思维产品更加适用。布鲁克菲尔德基于实用主义哲学，从思维策略的角度界定假设，将之定义为把真理性观念根植在我们思想观念中的准则。这种定义对评估思维过程和自我反思更加适用，也就是做出选择或决定的思维过程，对这个过程中出现的各种假设进行评估，也就是自我反思。这是一个不断推翻一些假设、重设或修正一些假设，直到找到最适宜的假设的试验性思考过程。最适宜的假设就是最有可能将我们的行动引向预期效果的假设。因而，最有益于这个思维过程的手段就是具有开放性和合作性的商议、讨论、对话。商议和讨论是试验性思维过程的催化剂和助推器，因为自己时常意识不到做出一个决定所依赖的假设，而他人时常能轻而易举地识别出来；自己时常高估主导性假设所带来的效果，而他人对主导性假设的评估可能更准确。

其三，该书为实施具有开放性和合作性的商议、讨论、对话，提出了许多有益的建议和做法。例如分组进行的批判性讨论，教师以自己真实的经验示范批判性思维过程，通过案例研究、危机决策模拟和情景分析练习的方式把批判性思维和具体经验结合起来，用超出舒适圈的困境疑惑刺激学生思考，在辨识、挖掘、评估假设方面采用循序渐进的阶梯式训练方法等。每种训练方法都给出了例示，并对操作细节给出提示，对教师开展批判性思维训练提供了很大的帮助。

此外，该书第九章对澄清西方人同时也是我们对批判性思维的误解和质疑，有很好的论述。我国绝大多数学者对批判性思维的理论来源，或称“西方批判性思维运动的起源”，进行简单、粗糙、片面的理解和宣传，危害不浅。第二章对我们全面、准确、客观地理解批判性思维的理论来源，意义甚大。

谷振诣
2017 年 5 月 4 日

前　言

过去的30年里，我曾在全球各大高校做过无数讲座，教学生如何批判性思考。在每所学校，我听过很多相同的喟叹。例如，在当今这个数字时代里，学生集中注意力的时间缩短了，认真聆听论点直到彻底理解所需的认知持久力和批判分析所需的理智严谨统统消失了。我听说，学生不再读书，不再去图书馆了（甚至不知道图书馆在学校的什么位置），反而轻信在网络上大行其道的阴谋论，迷恋名人，在课堂上不肯集中注意力，除非老师能把课堂变得像游戏一样“妙趣横生”。

这一观点其实低估了学生的能力。我相信，这一看法有一定的道理，但我所见过的那些热心组织社区活动、游行抗议单方面侵略或在脸书上进行热烈讨论的学生，显然不是这样的。有一个事实不容忽视：过去十年里，对于很多初中生和高中生来说，新书出版仍然是一年里最大的事。对于我们这代人（我已年过花甲）来说，在我们十几岁的时候，最激动人心的时刻是在埃德·沙利文节目中看到甲壳虫乐队（要说明的是，这对我来说并不算什么大事，因为我在利物浦长大，小时候就去过甲壳虫乐队的发源地——洞穴俱乐部）。但对于我的孩子这代人而言，最令人激动的时刻莫过于“哈利·波特”系列的出版。虽然我现在知道，哈利·波特与微观经济学或海德格尔毫无关系，但看到那些连半页书都读不完就急着去打游戏的十几岁的孩子，竟然排几个小时的队去买一本新书，然后废寝忘食地用一两天读完，倒让我觉得十分吃惊。

因此，如果难以教会学生批判性思考，我们就不应归咎于学生的基因发生了变化——决定理智严谨和毅力的基因被买新游戏机的需要所取代。相反，我们应该反思自己的教学方式。通过与各阶段学生的接触，从不能阅读的成年人到读写能力很弱的预科学生，再到哈佛大学的博士生，我发现，他们学习批判性思维的方式虽然存在差异，但大致是相同的。比如，尽管所用教材的难度不同，但课程的总体安排是相同的，教学步骤也是相同的。例如，一群难以读懂最简单的大学教材的预科生或一群无法读懂福柯的博士生，都会要求他们的老师示范批判性阅读，结果说明有时老师也很难理解作者的意思。

这本书是根据我过去 30 年的经验写成的，我曾开过无数关于批判性思维的讲座和课程，探讨学生该如何学习批判性思维，以及教师该如何帮助学生进行学习。在本书的写作过程中，我深知不同学科对批判性思维的要素有不同的定义（参见第二章）。在有关批判性思维的各种思想中，批判理论对我的影响最深，其次是美国的实用主义。但我写作本书的目的，不仅仅是探讨批判理论是如何孕育出批判性思维的。如果你对我在批判理论领域的著作感兴趣，《批判理论的力量：解放成人学习和教学》（*The Power of Critical Theory*：*Liberating*

Adult Learning and Teaching，2004）和《再激进学习：面向公正世界的成人教育》（*Radicalizing Learning：Adult Education for a Just World*，与 John D. Holst 合著，2010）两本书可供参考。

写作本书时，我假定读者就是参加我的讲座的教师。我举办讲座时，通常都会有来自不同学科和院系的教师参加，神学家的身边坐着生物学家，妇女研究专家的身边坐着数学家，美术史学家的身边坐着商科教师，等等。在这种情况下，我使用的语言必须是通用的，这样才能帮助他们形成对批判性思维的共识，吸收适合特定学科的一般原理。如果无法在批判性思维的要素上达成共识，或只对某个学科有所帮助，开办批判性思维的讲座也就没有实际意义了。因此，本书一开始主要介绍什么是批判性思维，以及适用于各个学科领域的教学方法。

我试着以一种亲切、放松和会话的方式来写这本书，挑明矛盾，使用第一人称，并尽量把参考文献和书目减到最少。基本上，我试着以和一群同事交谈的口吻来写这本书。写作时，我假想自己是在和一群来自不同学科的大学老师一边吃午餐，喝咖啡，一边回答他们如何让学生学会批判性思考的问题。如果你想要的是以第三人称写的书，作者的偏见和个人经验在书中一览无遗，而且每个论点都尽量参考更多的文献，那么，本书不适合你。可能有大量其他的书会适合你的品味。可如果你想看一本作者本人仿佛在跟你对话、如无十分必要绝不使用学术用语的书，那么，选择这本书就对了。

每次参加教师进修活动时，只要能学到一点对学生有益的新东西，我就觉得自己的时间花得值。本书正是秉着这样的精神写成的，给出了尽可能多的实践活动、练习、方案、技巧和具体的建议。我假设读完这本书的人都能获得一些新想法，从而改变他们在课堂上的教学方式，抑或掌握更多的教学方法，以便下次在学生身上应用。假若本书对你有所裨益，请尽管“拿去”，加以完善，在你的教学中运用。好教师都是“惯贼”，总是“觊觎”新鲜东西，然后加以改进并用在学生身上。假如本书有些东西值得窃取和改进，那么，它也就写得值了。

如果觉得本书内容还不够，请访问我的个人主页 http://www.stephenbrookfield.com/Dr._Stephen_D._Brookfield/Home.html，我在上面放了很多课堂练习，可以免费下载。请点击“教材”链接，下拉选择各种 PDF 和 PPT 文件，里面有大量的练习和活动。如果任何东西对你有所帮助，请尽管拿去，我会祝福你的！这正是我把材料放在那里的原因。

全书概述

第一章给出了批判性思维的基本定义，学习如何发现和验证假设、从不同角度思考和做出明智决定的过程。我解释了三类假设：范式型假设、规范型假设和因果型假设，并提出假设不能一概以对错来论断，而应看其在具体情况下是否恰当。整章中，我借自己利用批判性思维战胜抑郁症的经历，阐明有时抽象的理论也能在实践中得到运用。

第二章进一步考察了批判性思维不同的思想渊源。通过与同事探讨如何教授批判性思维，我发现了一个问题：不同学科的教师对批判性思维的理解各不相同。我探讨了五种不同的见解，分别来自分析哲学与逻辑学、自然科学领域的假设演绎法、实用主义、心理分析和批判理论。在可能的情况下，我试着揭示这些思想之间的内在联系，最后提出，第一章给出的基本定义反映了这些思想的共同点。

第三章提出一个关键问题：学生认为哪些教学方法最能帮助他们学习批判性思维？综合数千名学生（其中大多数已被记录进《关键事件调查问卷》）的反馈，我发现，不同的学习情境下，以下五点总是正确的：（1）批判性思维最好是一个社会学习过程；（2）老师应当采取适合学生的学习方法；（3）只有与具体的事件或经历联系起来时，批判性思维才能更好地被理解；（4）发生意外事件时能最有效地激发批判性思维；（5）学习批判性思维要由浅入深，循序渐进。学生倾向于将批判性思维应用在相对客观的情境和数据中，久而久之，逐渐将其运用于自己的直接思维中。

第四章勾勒出批判性思维课的第一步，探讨何时将精力放在批判性思维的教学上，如何为质疑批判性思维的学生设计案例，如何使用课堂表决器和手持设备，以及如何将情景分析用作不同学科的入门练习。

第五章进一步介绍更复杂的练习方法，包括危机决策模拟、批判性辩论、范例与瑕疵，以及肯定和质疑引言，最后是一项十分复杂的练习——批判会话训练。

第六章聚焦于如何教授批判性阅读和写作。我驳斥了一些常见的对批判性阅读的误解，然后介绍了批判性阅读的基本要素：（1）学生站在作者的角度上理解文本；（2）学生能对文本进行批判性分析；（3）学生能指出文本的相对优点。这三个要素又可以细分为若干要素。接着，这一章将目光转向了如何教学生进行批判性写作，如何通过不同的方法给学生提供具体的反馈，包括彩色反馈表、引文练习、同伴学习以及教师示范。在这一章结尾，我对自己《成为批判反思型教师》（*Becoming a Critically Reflective Teacher*，1995）一书中的几篇文章进行了批判性评价，借此向读者示范我在课堂上介绍的方法。

批判性思维教学面临的另一个难题是，不同学科、不同院系和不同学校的教学质量参差不齐。第七章中，我试图探索出一个适用于不同专业的通用框架。首先，我建议对批判性思维进行统一的定义，然后举办新生批判思维培训，接着又回到如何为质疑批判性思维的学生设计案例的问题，而这一次的探讨更加深入。最后，我讨论了如何将批判性思维融入具体的课程任务，如何将其引入教学大纲，如何在课程内容与批判性思维之间建立联系，如何将批判性思维记录嵌入课程任务，以及如何将批判性思维引入顶峰体验课程。

第八章进一步探讨批判性思维作为社会学习过程的原因，以及如何用更具批判性的方式进行课堂讨论。我介绍了什么是批判性讨论以及一些可以引入批判性思维的具体活动，包括发言圈、圆圈回复、粉笔对话、找出错误、刻意安静、推论阶梯和致谢停顿。最后，这一章给出了一些可以激发学生批判性思考、发现证据和多角度思考的讨论问题。

倒数第二章（第九章）回顾了常见的对批判性思维的误解、批判性思维面临的质疑，以及学生学习批判性思维所冒的一些风险。常见的误解包括：批判就是找茬或挑刺；批判性思维导致分析能力的丧失；它总是引起根本性的变化；它与解决问题没什么两样；它总能产生明确的结果。至于批判性思维所面临的质疑，从性别的角度来看，它被视作男性的怀疑游戏；从文化的角度来看，它体现的是以欧洲为中心的理性；就后现代的角度而言，它又是放大自我意识的手段。这一章还指出了学生所面临的风险，包括冒名行骗、文化自杀、丧失纯真和长途奔跑。最后，这一章重申了同伴学习社群对批判性思维学习的重要性。

最后一章（第十章）深入探讨了贯穿本书的一个主题——教师示范批判性思维的重要性。我探讨了如何利用恰当的个人经历来示范，如何向同事示范，如何在网络环境中示范，以及与示范相关的风险。

受　众

本书的主要受众是在高等教育和成人教育机构——社区大学、四年制大学、综合大学、职业学院、私立学校和网校里教批判性思维的教师。希望本书不仅能帮助常春藤名校的教师，也能使高中和社区大学的教师受益。同时也希望，各类企业和非营利组织的培训师以及不同领域（军队、医院、教堂、社会工作、儿童早期发展及社区卫生）的工作者也能充分地、创造性地利用本书的练习和活动。因此，只要是工作中需要让别人进行批判性思考的人都可能对本书产生兴趣。

致　　谢

本书之所以能完成，得益于很多人的帮助，遗憾的是，无法一一对他们致谢。首先，感谢参加我在世界各地举办的讲座的数千名教师和公共事业从业者，感谢他们慷慨填写我准备的《关键事件调查问卷》，向我提出一些我无法回答的问题，并分享他们的宝贵经验。回答他们的同时，我也学到了很多，希望本书不会让他们感到尴尬。其次，感谢圣托马斯大学，尤其是苏·休伯（Sue Huber）博士，感谢学校给我的假期，让我完成了这本书的初稿。每天早晨醒来，我知道自己唯一要做的就是整理思绪，并在纸上写下来，再也没有比这更让人快乐的事了。于我而言，这堪称享受，我将永远心怀感激。我之所以能以轻松和会话的方式写成本书，要感谢约塞巴斯出版社的编辑大卫·布莱特曼（David Brightman），他总是鼓励我用自己的方式写给读者，而不要只是为了给其他学者留下好印象。还要感谢苏珊娜·哥本哈根（Suzanne Copenhagen）对书稿的编辑和校订。

另外，感谢 99 人乐队（全世界最好的朋克、流行、乡村摇滚和冲浪乐队）的伙伴，这支乐队是我在学术研究以外的主要创作出口。如果你曾去过美国双子城，那你肯定停下过脚步领略过我们的现场演奏，除了有力的 A 和弦，没有什么能让我把批判性思维的复杂概念全部抛在脑后了。感谢莫莉·霍利（Molly Holley）、科林·塞尔赫斯特（Colin Selhurst）、克里斯·凯夫（Chris Cave）、埃里克·约翰（Erik John）和德里克·科斯基（Derek Kosky），感谢他们让我在无数个夜晚领略音乐的纯粹乐趣。最后，一如既往，感谢来自罗切斯特的女孩金·米勒（Kim Miller）——我一生的伴侣。

目　录

第一章　什么是批判性思维?

作为一名读者和教师，我总是欣赏那些一开头就说明接下来是什么内容的书或章节。如果我对这些内容不感兴趣，就可以跳过去，去做一些更有用、更有趣的事（希望两者都有）。因此，我要先介绍一下本章的内容。本章中，我将介绍我所理解的批判性思维的基本过程，包括：（1）辨识左右我们思维和决定我们行动的假设；（2）查验假设的准确性和可靠性程度；（3）从多个角度审视我们的观念和决定（知识的、组织的、私人的）；（4）在以上三步的基础上，采取明智的行动。此外，我还提出，通过批判性思维发现和检验的假设可以分为三类：范式型假设、规范型假设和因果型假设。

本章中，我也将提出一些旗帜鲜明的论点。我认为，如果不能批判性思考，你的生存将陷入危险，你将在生活中受到伤害，让那些希望你受伤害的人得逞，而你自己却懵然无知；如果不能批判性思考，你将无法辨别是非，更不用说抵抗，你将任人摆布；如果不能批判性思考，实现预期结果的可能性就更小。所以说，批判性思维不仅能让你在高考中取得好成绩，写出论证缜密的论文，抑或提出经得起检验的实验假设，它更是一种生活方式，在某些组织企图左右你的思维的时候，帮助你明辨是非。

批判性思维挽救了我的生活

首先，我想分享一段个人经历，告诉大家批判性思维如何挽救了我的生活，以此引入上述观点。几年前，我的情绪陷入了低谷，成为患上抑郁症和焦虑症的两千万美国人之一。大多时候，我深信自己已走到死亡的边缘，感觉自己一文不值，羞于无法控制自己的精神状态。我尽力在家人、朋友和同事面前掩饰自己的抑郁，坚定地拒绝向医生求助。然而，在他人看来，我并没有什么可以抑郁的（我有一份自己喜欢的工作和一个充满爱的家庭）。我的应对方法是，告诉自己要摆脱抑郁。我相信战胜抑郁的方法就是说服自己走出来，告诉自己既然没有令我抑郁的理由，就应该结束这种状态。但是，我仍未能赶走忧郁，因为我并未批判性思考这件事。等我开始这样做了，情况很快就有所好转。所以，本章开头，姑且提出一个大胆的论断：批判性思考一个人的假设、信仰和行为是生存的必要条件。

鉴于已经在其他地方更详细地提到了这段抑郁时期（Brookfield，2011），我想，有关我个人的信息已经够多了。如果是那样的话，就跳过这段介绍，直接进入下一部分——发现假设。如果你还在读，我想强调一点：正是因为无法批判性思考，所以才妨碍了我战胜抑郁。我的意思是，我不愿意承认对于我的抑郁的假设可能是错误的。例如，我假设战胜抑郁的正确方法是自己找出路；我假设抑郁代表软弱，除非是由外部原因（例如离婚、被开除或者爱人去世）所导致的；因为我假设自己是软弱的，所以就假设自己需要在同伴和同事面前隐藏我的情绪；更根本的原因是，我假设只要是个男子汉，就能够自己克服这种困难，用意念的力量强迫自己走出抑郁；我假设能否“深挖”（正如这个体育用词本身的含义）、找到战胜抑郁的精神力量全凭自己。

这些假设中某些是表面的，相当容易辨别，并且大多数与我对因果的理解有关。例如，我认为抑郁是由外部原因所造成的，鉴于我的处境不错，那么感到抑郁就是错误的。另外一个原因是，我假设有意的自我对话（“快振作起来，不要这么荒唐。你很清楚，你状态好极了，根本没理由抑郁”）能帮我走出抑郁。因果型假设总能用因果联系来说明，例如，“如果做了 A，就会发生 B”。因果型假设既可以是解释性的，也可以是预测性的。一方面，通过确定一个特定事件的原因，来解释这个事件为什么会发生；另一方面，通过设想特定的决定或行动将会产生什么后果和效果，对未来做出预测。

上述有关抑郁的假设，某些是规定优秀的人应该如何做（即我对自己的看法），这些是规范型假设，即我们就如何思考和行动的方式、方法或途径所持有的假设，通常包括“应该”这一字眼。例如，“一个优秀的人应该可以应对文化多样性”或者“幸福的婚姻是夫妻之间应该对彼此保持绝对的诚实”。规范型假设勾画出一段深厚的友谊或关系是什么样的，一个真正民主的决定应该具备什么特点或者社会资源应该如何分配，等等。而我自身的规范型假设是，一个健全的正常人应该很好地应对生活，绝不会感到抑郁。我深信优秀的人不会让非理性的抑郁、一无是处感或羞愧感主导他的生活。

我在抑郁期间所持有的第三种假设更难发觉和质疑，这类假设深藏在我的精神之中，不会立刻被发现，它们是构成我人生观的重要部分，也是自我认同的核心要素，以至于当别人指出这些纯属假设时，我会情不自禁地回答："那不是假设，是事实。"尤其是，我假设一个健全的人是理智的、头脑清醒的、坚毅的，绝不会像克林特·伊斯特伍德[①]早期的形象，也不会像安·兰德的小说《源泉》中的霍华德·洛克[②]那样。尽管当时我坚决否认，但我仍假设男权政治是正确的，即男人是理性的，女人是感性的，所以男性的理智让他们成为天生的领袖。正如我所说，这并非我有意做出的假设。实际上，它比这更难捉摸。可以这么说，这种想法是慢慢"爬进"我的意识里的。我将这种假设称为"范式型假设"。

范式型假设是我们深信不疑的左右我们对世界整体看法的假设。发觉范式型假设的存在时，我们经常感到震惊。在我抑郁期间，我并未意识到自己已经成功地内化了男权政治的观念。这一观念认为，不像感性的女性，男性是理性的、有逻辑的，所以是天生的领导者和决策者。而且，一个"真正的"男人不需要借助药物来战胜抑郁，甚至根本不会抑郁。由于男性生来强壮，惯于发号施令，以致男性认为如果他们告诉自己不要抑郁，就不会抑郁了。

---

① 美国电影演员，出道早期曾扮演过一些癫狂、彪悍的角色。——译者注

② 小说中的人物，才华横溢的建筑师，在小说中单枪匹马地为自己的创造产权辩护。——译者注

五十多年来，我已经很好地适应了社会，接受了男权政治的观念，它已经成为我的一部分，以至于我很难发觉这种观念已经深刻地影响了我的行为。但我深信，之所以忍受多年的痛苦以后才去寻求帮助，是因为我相信如果自己是一个“合格的男人”、一个“真正的男人”，就不需要心理医生或者药物来帮助我战胜抑郁，我需要的只是强大的内心。在内心深处，我经常下意识地对自己说：“我是一个男人，应该受理性的引导，应该能够控制我的情绪。”如果我是一个女人，借助药物来解决问题是可以的，但对男人来说，这无疑是软弱的表现，所以，月复一月，年复一年，我拒绝接受任何服用药物的建议。而且据我所知，所有通过药物来解决心理问题的都是女性，我认识的男性中，没有一个借助药物治疗抑郁的，这更加深了我对药物的抵触。

对于我——一个男人来说，克服羞愧需要一个思想排毒的过程。我必须认识到，在我五十多年的生命中，男权政治的思想对我的影响到底有多深。同时，从改变对抑郁的看法到应对抑郁，再到战胜抑郁，需要漫长的时间。即使今天，尽管已经写了好几本有关批判理论（Brookfield，2004）和激进化学习（Brookfield & Holst，2010）的书——两者都在探索如何抵制意识形态操纵，但我仍然觉得自己缺乏应对和公开抑郁症的男子气概和勇气。

我必须揭示的另一个范式型假设与抑郁症的病因有关。我假设人们之所以抑郁，是因为他们发生了什么事，所以我突然患上抑郁症，着实感到不解。确实，几个月之前刚发生了 9 · 11 事件，一年前，我的母亲身患癌症，不幸离世了，几个测试的结果也令我忧心忡忡，但没有一件事足以让我如此地焦虑和抑郁。直到多年后，我才发觉、质疑并抛弃了这一范式型假设：抑郁必有原因，找到原因即可对症下药。鉴于我对他人、体育、音乐和电影的情绪反应，我一直认为自己是个感性的人，完全没有意识到欧洲的理性主义已经深入我的骨髓。质疑和改变我根深蒂固的观念——抑郁症是大脑中化学物质失衡的结果，是极为不容易的。我执著于自己无力走出抑郁，导致我无法从其他角度看待造成抑郁的原因。

第二个范式型假设被我抛弃以后，其他的很多规范型假设和因果型假设也开始站不住脚了。当我成功重构了我对抑郁症病因的假设之后，控制羞愧感就变得简单多了。如果抑郁症与大脑中的化学物质失衡有关，那么我可以告诉自己，必须依靠药物进行部分治疗。突然，药物似乎不再是软弱的标志，不会让我觉得自己是个差劲的人。毕竟，我的心理医生告诉我，既然服药可以治疗身体上的不平衡，如高胆固醇、高血压、胃酸倒流，那么服药来治疗大脑中的化学物质失衡又有什么不同呢？我不再认为抑郁症是由令人抑郁的外部环境所造成的，真正的男人可以超越这种境况，而相信它和哮喘、糖尿病、高血压一样都是病。我开始认为，借助药物治疗我的抑郁症可能是合理的。

以上这些都是为了说明批判性思维拯救了我的生活。因为我发现并摒弃了对抑郁症的本质、原因和治疗所做的几个假设，才能够寻求心理治疗，最终借助药物让我的情绪稳定下来，不再受那永远的羞愧和一文不值的感觉的困扰，不再不定时地想要自杀，最终恢复了原来的自我。我并不是说，从此以后我再没有失落、厌世或焦虑的时候，但由于我能够批判性思考，抑郁症不能再像从前那样困扰我。如果当初我没有批判地认识抑郁症，那么现在我仍然无法摆脱它。

发现假设

本章开头对批判性思维过程的那种描述，其核心步骤是发现假设。在任何时候，批判性思维的发生都与试图揭示我们的假设、判断假设的合理性、评估假设的准确性以及对假设的依赖程度息息相关。不去追查假设，也就不会去试图揭示假设，不去试图评估假设的准确性、可靠性和适用性，我们的思考就不可能是批判性的。所谓“批判性思维”，就是发现我们所做的假设，并判断其合理性。少了发现假设的步骤，就算不上批判性思维。也就是说，要揭开假设，就要评论它的合理性以及它是否适合实际情况。

假设是将真理性观念根植在我们思想观念中的向导，它们是左右我们如何做决定和采取何种行动的日常准则。日常沟通需要遵守一套连续的、无处不在的假设，我们要根据人们说话时使用的词汇、手势、表达方式、停顿来假设背后的含义以及该如何回应。假设帮助我们判断某人是否在说实话以及被操纵时该如何分辨。

我们每时每刻的行为都是根据假设做出的，大部分假设会在我们重复的经验中得到证实。刷牙是假设这样能够预防蛀牙，减少看牙医的花费和痛苦；对食物的选择是假设吃什么样的食物是健康的、令人愉快的；设置恒温器和挑衣服是假设天气预报是准确的；开车赴约时，把油箱加满，锁上后门，遵守交通灯和路标的指示，是假设这样能以最快的速度和最安全的方式抵达目的地。我们之所以做出这样的假设，是因为以往的经验告诉我们这是准确的。如果想去明尼苏达州的星期五餐厅，我会照着 AAA 地图和州际公路的路标走，同时设置好 GPS，因为之前去其他地方时，这样做让我顺利抵达了目的地，所以我假设这次同样也会成功。

然而，作为一种本能的指导，假设对实际操作的影响比在日常生活中更深刻。以我的抑郁症为例，我对男子汉的定义做了很多假设，其中一些完全是个人的想法，与具体情况有关，另一些则与主导的意识形态有关，例如男权主义和批判理论家提出的理性工具化（Brookfield，2004）。这个学术用语看似晦涩，实则很好理解。霍克海默和阿多诺（Horkheimer & Adorno，1972）以及马库斯（Marcuse，1964）视理性工具化为当代生活中最有价值的思维方式。基本上，当你试图解决一个问题，而不质疑问题本身是否需要修正时，就是把理性当成了工具。当你修补某个系统时，例如改善评价学生学习方式的机制，使其更加有效，也是在把你的理性当成工具，因为你不问解决了这个问题能让谁受益，而只管修修补补。

当人们批判性思考时，他们会质疑问题背后的基本假设，问一些生活中的大问题：什么是学习？如何把企业和社区调动起来以发扬同情、实现公平？教学的根本目的是什么？真正的工作是什么意思？不用说，在一个工具化的文化背景下，问这些问题通常被看作是乌托邦的、不切实际的、理想主义的，我们觉得思考这些问题纯属浪费时间。

从主导的意识形态当中产生的假设尤其难以被揭露，因为这些意识形态无处不在，以致被盲目地视作显而易见的，因此不值得质疑。这些正是前面提到的范式型假设。所谓“意识形态”，是指被大多数人视为常情的观念和做法。某些意识形态在宏观层面上发挥作用，例如，人们假设多数民主是能够最公平地满足多数人基本需求的决策制度；还有一些则是在微观层面上发挥作用，比如，人们假设不记名投票能够得出最准确的结果，或者由多数人投票支持的行为具有最大的合法性，因此应该被效仿。

与民主一样，自由市场资本主义是另一个产生巨大影响的意识形态。宏观上，资本主义认为，对经济活动的监管越少，越能鼓励个人奋斗。它更假定，个人的经济奋斗和政治自由是密不可分的，如果要捍卫自由民主，就必须捍卫资本主义。毕竟，如果资本主义是最能保障个人自由的经济制度，那么任何非资本主义的替代品都会在不同程度上阻碍自由。

资本主义和民主是两个被广泛接受的主导意识形态，无论是在学校、媒体、家庭和工作场所中，还是在教会或地方政治协会这样的民间团体中，我们耳濡目染的都是这两个词。更难分辨但同样影响巨大的是那些深埋在心底的意识形态，如白人至上、男权政治、异性恋。这些意识形态一致认为，白人、男性和异性恋者是天生的领导者，因为他们更英明、更稳定、更成功。由于民权法的存在，这些观念很少被人们说出口。但能让意识形态在我们心中扎根的不仅是言语和文字，也包括行为（批判理论家称之为“实践”）。当我们处处看到坐在领导位子上的都是白人，特别是白人男性，但却没有人有所质疑时，这样的主导意识形态就开始在我们心中扎根。当有色人种、女性或公开“出柜”的同性恋者身居要位时，人们反复强调这是民主和自由的典范。主导意识形态被暗藏在行动中，毕竟，当异性恋的白人男性身居要位时，他的种族、性别和性取向很少被提及。这是因为白人、男性和异性恋者是随处可见的准则，我们早已被潜移默化。而矛盾的是，有些似乎在挑战和质疑主导意识形态的事——一个混血儿当选总统或一个非裔美国女性被任命为国务卿，实际上强化了这样的主导意识形态，至少在短期内。把这些当作例外而加以庆祝，实际上是在加深这些准则和规范的影响。

批判性思维到底是什么？

在回答这个问题之前，我们先澄清一些误解。批判性思维不是这样的：不是只有上了大学才能做的，它和逻辑、问题解决或创新不一样，尽管批判性思维可能涉及这些方面；不是只有学了哲学才能做的，它跟批判一部电影或批评伙伴、朋友、同事的缺点不是一回事；不是只有到了一定年龄才能做的；也不是只有坐下来反思的时候才能做的；它和智商、性格这些东西无关。所以，无论你是否上过大学，智力测试的结果如何，无论你的性格是外向还是内向，你的生活是忙碌还是悠闲，或者你在学校最擅长什么科目，这些都无关紧要。

那么，批判性思维到底是什么呢？在我看来，当我们做以下四件事的时候，就是在进行批判性思维……

发现假设

首先，尝试揭示影响我们思维方式和行为方式的假设。几乎可以说，我们采取的每一个行动都是基于我们所接受的假设做出的，而这些假设时常是未经思考而被当作是正确的。批判性思维包括审慎地追查出这些假设。

检验假设

发现左右我们的行为和思维方式的假设之后，我们开始检验这些假设是否如我们想象的那样准确，这是批判性思维的第二步，即试图评估我们的假设对行动的引导是否有效和可靠。这时，我们开始了评估过程——试图确定假设的合理性，哪些情况下是合理的，哪些情况下不合理，哪些假设是普适的，哪些假设只适用于特定情况。这个过程的关键是确定和评估那些我们认为可信的证据。这些证据有的是经验性的（已经发生在我们身上的事情），有的是权威性的（我们信任的人告诉我们这是真的），有的又来自我们严密的研究和调查。

多角度看问题

要确定假设是否准确或在什么条件下合理，最好的方法莫过于，从多个不同的角度来考察我们的假设和行为。当我在生活中扮演不同的角色——丈夫、父亲、老师、学者、乐队队长时，我常假设周围的人能准确理解我想表达的意思，可经验告诉我，这个宽泛的假设存在严重的缺陷。别人通常不能按照我想表达的意思来理解我的言语和行为，所以，要想检验假设是否准确，得学会站在别人的角度看问题。

做出明智的行动

批判性思维的最终目的是做出明智的行动，而上述三个步骤是为了避免做出自以为对自己有利、能取得预期结果，实际上却恰恰相反的事。如果浪费太多的时间草率行事，我们的人生将显得太过短暂，且充满危险。再强调一遍，批判性思维的终极目的是做出明智的行动。换言之，批判性思考不仅仅是为了生存，更是为了活出精彩、爱我所爱。以自以为正确的方式生活，似乎总比凑合、随意的生活让人满足。

但究竟什么才算明智的行为呢？是基于思考和分析的行为。也就是说，这种行为背后有合理的证据支撑。举个例子，作为乐队队长，我曾根据之前观众的反应来安排乐队演奏的曲目，可我越来越意识到，观众不同了，同样的曲目和笑话，在潜水酒吧里表演可能备受观众的欢迎，如果照搬到全家人齐聚的保龄球馆，却可能遭遇惨败。因此，明智的行为是有可信的证据支撑的。如果有人问我们为什么这样行事，我们可以充分地解释，让他们知道我们的选择和决定背后有着合理的理由。

当然，支撑我们行为的证据也可能是荒谬的。例如，很多人的行为是基于证据的来源而做出的，“如果谁谁说这是对的”，照此推理，“那么就一定是对的，因为我相信他们的见识”。我也不例外。我经常听音乐，读文学作品，看电视、电影，仅仅因为某些我认为有品位的人告诉我这些不错。所谓的“群体思维”（Janis，1982)、“机械趋同”（Fromm，1941）或“霸权意识”（Gramsci，1971）就是这么来的。这三个概念都指出，我们会不假思索地假设某些事情是真实的，是常情。我们习惯依靠权威或可信的人来告诉我们该怎样思考，但问题是，有时这些人或心术不正、蛊惑人心，或心怀偏见、不可信赖，就像人们之所以进行种族大屠杀，是因为某个地位超群的人让他们相信，一个人的种族、民族、信仰或文化决定着这个人是不是真正意义上的人。

因此，仅根据证据做出某些行为，不能算是批判性思维。明智的行为可以取得预期的效果，从这种意义上说，明智的行为能如我们所想，实现我们想要的结果。当我为某个俱乐部挑选的曲目遇到冷场时，我总是对自己解释称，以前在类似的酒吧里演奏过这些曲目，效果不错，所以我才选了这些曲目。

为什么要批判性思考?

目前为止，我将批判性思维定义为一种确保我们的假设合理，能准确引导我们的行动、实现预期效果的习惯。照这样理解，批判性思维就是毫无争议的，没有一个理性的人会反对它。这种定义是中立的，只是一个简单的检验和引用证据的问题，它主要源于分析哲学派，而这一思想派别在美国的小学、中学和大学中极为流行。我的两个孩子在明尼苏达州的圣保罗读公立学校时，他们的学年成绩单里提到了他们批判性思考的能力。老师向我解释，这是为了评估孩子能否给出观点背后的理由，并且举出相关的证据，这一点毋庸置疑。

然而，一旦意识到批判性思维与行为紧密相关，就要触及价值观了，因为你一定会问“为什么要这样做?”“我们支持哪种做法?”这样的问题。有时，这些行为服务于行为者自身的利益，如果行为者试图欺骗、操纵、伤害或虐待他人，那么这些行为肯定是有问题的，就像老练的广告商之所以批判性思考哪些情绪可以利用以及怎么利用，都是为了推销产品，为股东牟利；媒体顾问精于批判性思考如何掩饰客户的错误，如何将这些错误伪装成成绩；蛊惑民心的政客和种族主义者总能找到激起种族仇恨的证据，利用有力的叙述和象征来引起人们的不安全感，以此维护种族主义制度。

也有些时候，我们自认为最有利的行为实际上有害无益，而我们甚至都没有意识到，这正是霸权意识（源自批判理论）和批判性思维的联系所在。所谓的“霸权意识”就是，人们以为在做对自己有利的事，而没有意识到他们正在受伤害，并且陷入痛苦之中。患厌食症的人假设，不吃饭可以让自己更美、更好看、更接近广告中的理想身材；假设好员工就是要 24 小时待命的人认为，生病和疲惫顺理成章。我知道自己在说什么，在工作中，我曾三次昏倒——一次是在我的办公室里，一次是在去演讲的路上昏倒在机场，还有一次是在做完讲座回家的车上——每次都被匆匆送进急救室，经过一夜的治疗，结果发现我的身体没有任何毛病，只是过度疲劳。每当我筋疲力尽的时候，我总是暗自庆幸自己作为一名教育工作者是多么称职，身体越累，越觉得自己敬业。我完全没想过摆脱这种荒唐的处境，反而心甘情愿，愈发感到骄傲和自豪。

因此，批判性思维的一个重要部分是，确保我们基于自己的假设所做出的行为是合理的、有益的。这时，情况开始变复杂了，有关权力的问题也随之出现。如果你我对某个问题的解决办法意见不一，该怎么办？如何决定哪种办法更好、更具批判性呢？例如，我认为资本主义是维护富人利益的，会导致永久的不平等，而你认为它能让个人奋斗的精神充满生命力，是维持民主健康运行的必要因素，那么我们如何评判谁的想法正确呢？我们两个都可以举出证据、寻找经验、找出站在自己这一边的可靠的权威人士，但不管怎么说，我们两个的立场都是源于对经验的分析和批判性思考以及这种分析与自己的世界观的结合。

我们不能将批判性思维当作一种独立的心理分析过程，认为它可以独立于分析和批判性思考的对象之外。如果批判性思维只是一个分析信息的过程，以此保证我们的行为能实现预期的结果，那么某些最邪恶的人类行为也可以被视作批判性思维了。连环杀人犯可能通过分析自己对如何跟踪受害者、隐藏证据和处理尸体的假设，研究如何更好地躲避侦察；邪教教主会批判性思考如何让新成员忘掉过去，抛弃之前的信仰，更好地认同新的精神领袖；家暴者也可能批判性思考如何隐藏伴侣身上的伤痕，同时让伴侣觉得自己活该，虐待者这样做是为他们着想。

如果批判性思维只是一种心理分析过程，那么约瑟夫·戈培尔[①]

① 德国政治家、演说家，担任纳粹德国时期的国民教育与宣传部部长，擅长演讲，被称为“宣传的天才”。——译者注

的政治宣传也能算是批判性思维了。毕竟，他的范式型假设和规范型假设——犹太人是不纯洁的，所以要通过大屠杀来帮助德国摆脱犹太人和犹太文化——从哲学上讲是合理的，从经验上讲是正确的。之后，他仔细分析了因果型假设，确定最好的方式莫过于大力宣传——特别是摘掉犹太人的照片，代之以元首的照片——以此支持纳粹的口号：犹太人的存在威胁着德国，阻碍德国成为世界强国。支撑索雷尔"大谎言"理论的也是这种思维，即谎言重复几次，就会让人信以为真。戈培尔的"批判性思考"取得了预期的结果——创造了一种文化氛围，让极端的排犹主义被人们接受，最后让无数普通德国人变成了种族灭绝的工具。

必须承认，这就是批判性思维的局限所在。不能抛开价值观和准则单独谈批判性思维，无论是道德准则还是政治准则。它也不能被用来解释精神生活，人们可以批判性思考自己的精神、宗教信仰或宗教修行，但不能指望理性分析能让他们得到启发、顿悟或救赎，这些只能通过其他途径实现。

哪些假设需要批判性思考？

前面已经讨论过这个问题，但这里我想再解释一下这三种需要引起注意的假设：范式型假设、规范型假设和因果型假设。

范式型假设是其中最难被发现的，这种结构性的假设构成了我们基本的世界观。通常，我们甚至不觉得它们是假设，即便别人已经向我们指出。相反，我们相信它们是对现实生活和事实的准确反映。作为一名教师，在人生的不同阶段，我也曾有过一些范式型假设：成年人是自我导向的学习者；批判性思维是只有成年人才具备的智力功能；优质的成人教育本质上是民主的，且成年人的教育总与政治相关。范式型假设经过长期的坚持之后才会得到检验，而且需要大量的反面证据和经验。可这些假设一旦被质疑和改变，将给我们的生活带来爆炸性的影响。之前提到的我对抑郁症的病因和治疗所做的假设也属于范式型假设，构成了我对抑郁症全部认识的基础，要么是我太想当然，要么是它们（男权政治）在我的意识中隐藏得太深。总之，我没有意识到它们竟左右着我的决定。

规范型假设是有关特定情况下应该怎么样的假设，比如我们和他人应该怎么做，优质的学习和教育应该是什么样的，学生和老师各自应该有什么义务。这类假设不可避免地源于范式型假设，是范式型假设的延伸。例如，如果你认为成年人是自我指导的学习者，那么你会假设最好的教学方法就是鼓励学生自行安排和评价学习；如果你认为抑郁症是由外部环境所造成的，那么你就会认为你的外部环境还不错，你不应该感到抑郁，战胜抑郁最好的办法就是告诉自己你没有理由抑郁。

因果型假设是有关世界如何运转以及在什么情况下可以做出改变的假设。在所有的假设中，因果型假设最容易被发现。过去 30 年里，在我所有的批判性思维讲座和课程中，这类假设是最常见的。粗略估计，在每次的谈话、课程或讲座中，约 80％的假设都是因果型假设。

因果型假设的表述通常有两种方式。第一种是当这类假设支配未来的行为时，通常是预测性的，譬如，“如果做了 A，就会发生 B”。例如，第一年开始教学时，有人告诉我：“新官上任三把火，告诉学生谁是老大，以后才能轻松。”我经常告诉新上任的教师：“要求学生做某事之前，先给他们做个榜样。”我也告诉与我一同授课的同事：“要求学生求同存异之前，先给他们做个榜样。”当讨论一个有争议的问题，如种族歧视时，我总是告诉自己，我需要先反思自己对种族的态度，然后再去考察别人的。以上都属于预测性的因果型假设——我假设如果自己这样做，将会产生某些后果。

第二种因果型假设是追溯性的或回顾性的，我们回顾过去的经验，以此指导未来的行为。例如，我是一个吉他手、作家和朋克——乡村摇滚乐队的歌手，这支乐队叫作“99 人乐队”（http：// the-99ersband. com），通常在酒吧、俱乐部和庆典上演出。当我确定晚上演出的曲目单（现场演奏的歌曲顺序表）时，也做了一大堆因果型假设，其中大部分是根据之前演出时观众的反应做出的。通常，我会翻唱一首观众可能听出和喜欢的歌曲来开场，以此吸引观众的注意。紧接着是两首不间断的快节奏的歌曲，以此激发现场的热情。然后，由主唱出场吸引观众，紧接着又是一首观众有可能听出和喜欢的翻唱，如此继续下去。这（先以翻唱开场，因为观众可能听出和喜欢这首歌，所以它吸引了他们的注意，然后是两首快节奏的歌曲，保持观众的注意力，激发现场的热情，不断变换歌手来让节目更精彩，最后再来一首翻唱，再度吸引观众的注意）背后的假设是因果型的，也是追溯性的，是在我们以往各类演出的基础上不断摸索得出的。

再举一个教学的例子。当我教授内容较多的批判性理论课时，学生必须阅读大量从德语、法语和意大利语翻译过来的材料，而这种翻译过来的材料深奥难懂，有时几乎无法理解，我经常向学生坦白批判理论理解起来多么困难，读这些材料有多难。我告诉他们，我经常需要花 15 分钟来反复阅读其中一段，而且读完以后完全不懂它讲了什么。我是故意这样说的，因为我假设很多学生读材料时会遇到上述情况。我想让他们知道这是正常的、意料之中的，它不代表他们不够聪明，抑或学术水平不高。我想让学生知道，读材料有时的确很难。我的假设是，如果学生知道我自己读材料时也会遇到困难，那么当他们遇到难点时，就不会轻易放弃。在我过去 30 年里收到的不具名的学生来信中，这个假设反复得到证实，学生们在信中特别提到，当听到我说自己读材料也很艰难时，他们感到释然。

这个假设尽管对我来说是准确的，但是多年来当我的学生初次接触批判理论遇到困难时，也明显减轻了他们的焦虑，可这个假设之所以起作用，是因为学生们信任我，相信我知道自己在说什么。这背后有两个原因：首先，是因为我用日常生活中的例子和日常用语来解释，真的有助于学生理解一些难懂的概念，我假设自己这样做能说明自己真的彻底把材料弄懂了，同时假设如果能从日常生活中举例，将晦涩难懂的概念和学生自身的经验及用语联系起来，就能让学生相信我的教学水平；其次，是因为我发表的文章和出版的书籍（例如《批判理论的力量》（*The Power of Critical Theory*））赢得了国际大奖，足以说明我清楚自己在说什么。

这一切都说明我的假设是有条件的，只有在某些条件（主要是学生相信我的专业水平）下才起作用。如果这个条件不存在，如果我没有出版任何有关批判理论的书籍，如果我不认为日常的例子有助于解释一些艰深的概念，那么告诉学生我读材料也有困难，经常花 15 分钟阅读一段，读完以后还不明白讲了什么，结果就会大不相同了。学生可能会问，怎么让一个不合格的老师来教他们，有没有别的老师教这门课？也许他们会决定退选我的课，等下学期有了别的老师再选。这就引入了批判性思维，尤其是寻找和发现假设这个步骤中的另一个重要因素——情境。

假设不分对错，只论是否适宜

适宜，乍听之下，像一个不值钱的学术用语，不过是为了在学术会议或院长的雪利酒会上引人注目而已！而我用这两个字，是为了说明一种需要费点时间来解释的情况。通过批判性思维发现的大部分因果型假设，不能以绝对的对错来论，更不是在某种情况下正确，其他情况下错误。相反，只能说，大部分因果型假设在特定的情况下更适宜。例如，99 人乐队的现场演唱会开场时，为了吸引观众，先翻唱一首歌，可只有观众年纪够大能听出这首歌，或者这首歌符合观众的口味，再或者我们的演唱够棒时，这种方法才会有效，否则观众只会离席而去。

也就是说，批判性思维的一个重要部分是，判断哪种假设更合理的时候，要尽量认清相应的条件。能否对特定假设有一个明智的判断，取决于我们是否了解相应条件的全部信息。但我们经常误以为自己相信的假设十分合理，事实并非如此，举一个担任领导角色的人倾向于相信的假设：

> 褒奖一个人工作做得好，可以激励受到褒奖的人在未来更努力地工作。

这是一个在领导力讲座中经常被听到的假设，支撑这一假设的是行为强化理论，即塑造行为最好的方式是奖励你所赞赏的行为，而不是惩罚你想加以杜绝的行为。对我而言，这一假设似乎无懈可击。所以，当我担任领导角色的时候——不论是作为一个想塑造自己孩子行为的父亲，一个试图鼓励学生批判性思考、批判性提问的老师，还是一个在各种情况下试图让自己的下属感到被认可和被赏识的领导者（足球队长、乐队队长、部门主管或社区主任）——一直照此执行。

但在下列情况下，我满怀信心且多年来不断践行的这一假设，却是不恰当甚至有害无益的：

- 褒奖未被当作褒奖。对于某些身居领导职位的人而言，不把下属的辛勤成果撕得粉碎，抑或当众羞辱他们，就等于是在肯定他们的工作了。但对下属来说，他们可能觉得这一天只是走了运，因为领导忘了这件事。

- 当众褒奖。对于生活在集体主义文化背景下的人而言，他们的个体认同与集体密不可分，被挑出来单独褒奖是极其尴尬的事。今后受到褒奖的这个人可能再也不会去做相同的事。

- 团队领导未传达褒奖意见。有时，某个领导会褒奖团队领导，要求团队领导将这份褒奖传达给团队成员，除非团队领导遵照执行，向每个成员传达他所受到的褒奖，否则团队成员将一无所知，今后也不愿意重复同样的行为。

● 褒奖自相矛盾。比如，一个领导告诉团队成员，他很赞赏他们做出的独立决策，可下一次却又对团队成员施以惩罚，那么，最初的褒奖就会很快被忘记。再比如，一个团队领导因下属勇于尝试和冒险而褒奖他们，可一旦他们这样做的时候犯了错，却又施以惩罚，那么今后他们绝不可能再去尝试和冒险。

小　　结

在本章结尾，希望你已经理解了下面内容：

1. 批判性思维是一个发现假设的过程，可以揭示我们自己和他人所做的假设，然后检验这些假设有多少合理之处。

2. 评价假设的合理性的一个方法是，从多角度看问题。

3. 批判性思维的目的是做出明智的行动，即从证据出发，可以向他人解释背后的原因，且极有可能取得的预期结果。

4. 批判性思维不只是一个心理分析过程，它的用途更加广泛，我们要认清它的价值、背后的原因以及它将如何改善现状。

5. 最难辨别和质疑的假设是那些植根于民主、资本主义、白人至上、男权政治和异性恋等主导意识形态当中的假设。

6. 假设并非完全一样，可以分为三类：范式型假设（构成我们的世界观的假设)、规范型假设（与我们对世界和人类行为的期望相关的假设）以及因果型假设（解释事情发生的原因的假设）。

7. 假设不分对错，只论是否适宜，假设的合理性取决于假设所处的条件。

读书笔记

第二章 跨学科的批判性思维

在第一章中，我介绍了批判性思维的通用模型——揭示左右我们的思维和行为的假设，通过多角度思考，检验这些假设是否正确合理，最终目的是做出明智的行动。本章中，我将批判地考察这一模型（毕竟本书是介绍批判性思维），分析不同学科、不同领域、不同专业的批判性思维模型有何不同。所以本章开头先讨论一下，将批判性思维视作一种通用的智力技能是否正确，接着探究不同学科对批判性思维这一术语的定义。这一部分中，我概括介绍了批判性思维的五大思想渊源：分析哲学与逻辑学、自然科学、实用主义、心理分析以及批判理论。作为读者，如果想学点实用的教学方法，可以直接跳到第三章，但你迟早会发现，尽管学术界一致厌弃批判性思维，但不同学科对它有着不同的理解。

不同学科的共同之处

和不同学科的老师讨论如何教学生批判性思考的时候，我总是从不同学科的共同点出发，我深信，不论教什么学科，统计学还是神学，物理学还是罗曼斯语，能否让学生学会批判性思考，关键是要看能否让学生学会辨别和质疑那些让学科知识看似合理的假设。有时得找出专家论证背后存在的假设。有时得让学生自己分辨他们所信奉的假设。不管是什么学科、什么研究领域，都不乏想当然的假设，学者们总假设某些知识是真知。

这一点可以用已故英国哲学家 R. S. 彼得斯（R. S. Peters，1973）提出的“学科规范”这一概念来解释。一个学科的规范包括内容和认知两项。内容规范指这一学科的基础知识，每个学生只有了解了这些知识，才算精通这一学科。在物理学领域，内容规范可能是指万有引力定律、相对论或解释气体体积与压强关系的波义耳定律；在文学领域，内容规范可能是指决定文学作品是否伟大的标准。所以，在英国长大的我不得不学习莎士比亚、乔叟和 D. H. 劳伦斯。当然，这是学术研究的结果，也是某些处在权威位置上的学者决定哪些是真知、哪些不是真知的结果。例如在医学界，自然疗法直到最近（在某些圈子里）才被认为是伪医学。所以，内容规范是由学者和机构决定的，常被职业协会奉为标准或金科玉律。

认知规范不是指学科的具体内容，而是指我们决定特定学科内容的真实性所使用的方法。在自然科学领域，最早由弗朗西斯·培根提出的假说演绎法长期以来被奉为黄金法则。根据这一方法，可以对一个假说进行检验、证明或反驳。在实验心理学中，控制组—实验组对照法也被奉为圭臬。在《圣经》研究中，阐释学也是一种认知规范。这些方法都是由人构建的，都是基于某个人或群体在特定时间对真理所做的假设，而他们又让学术界中的大部分成员相信这些假设是正确的。当然，正如托马斯·库恩（Thomas Kuhn）在《科学革命的结构》（*The Structure of Scientific Revolutions*，1962）一书中所说：随着时间的推移，学者对真知的认识和范式会随之改变。

已故法国文化理论家米歇尔·福柯（Michel Foucault，1980）提出了“真理政权”的概念，来解释不同学科创造真知的过程，他写道：

> 每个社会都有它的真理政权，它的真理“政纲”，也就是人们所接受且奉为真理的话语、用来辨别说法真假的机制和实例、受到约束的方法、获得真理所采用的技巧和程序，以及负责确定真理的人的地位。（1980，p. 133）

当然，福柯所说的“真理”并非本质上普适或在实践中正确无误的观念和知识。真理是决定特定形式的话语应得到认可的系统，所以真理是“由言论的产出、管理、分发、流通和运作等有序步骤构成的一个系统”（p. 133）。福柯指出，真理政权与特定背景，尤其与特定群体的关系十分紧密。明尼阿波利斯和圣保罗的乡村摇滚圈也有自己的真理政权，规定哪些艺术家是真正的乡村摇滚音乐家，什么文身图案是可以接受的，梳什么发型，怎么演奏贝斯，等等。我在六家期刊的编委会担任顾问编辑，这六家期刊都设立了相似的程序，来判断哪些文章、哪些方法和哪些写作风格是可以接受的。虽然乡村摇滚圈和编委会是两个迥然不同的群体，但它们建立真理政权的程序却存在极大的相似之处。

五大思想渊源

尽管我一直用批判性思维来指发现和检验假设的一般过程，但它并不是一个表述明确的概念，使用这一术语的人对它有着不同的理解。事实上，它是一个饱受争议的概念。对这一术语的使用反映了使用者的思想观念和学科背景。试举一例，想想人们对职场中的批判性思维的不同定义，根据阿吉里斯（Argyris，2010）的著作，职场中的批判性思维是指管理者采用头脑风暴法和双环学习法来管理。这里，批判性思维的目的是检验左右商业决策的假设，检验这些假设是否是根据市场的实际情况做出的，确保被遵行的假设能创造最大的利润。例如，利用推论阶梯来检视可能导致企业团队做出灾难性的选择、让某些潜在客户对品牌形象大失所望的思维误区。批判性思维的终极目的是采取明智的行动、增加利润、提高生产力、减少工业破坏、降低员工的缺勤率。这类批判性思维主要源于分析哲学与逻辑学，主要关注论证的构建过程。

对另外一部分人而言，商业中的批判性思维则是一个完全不同的概念。他们认为，职场中的批判性思维总是包含对资本主义直接、激烈的批判（阿尔曼，2000，2001）。这种批判性思维着力质问将工厂迁到污染控制较松、劳动力价格较低的墨西哥、中国和洪都拉斯是否合乎道德，反对将滥用权力、腐败的斯大林式工会会员妖魔化，考察利润的分配方式和产生条件，指出和质疑资本主义通过改变语言来宣传其意识形态的合法性，包括使用一些渐渐改变但被广泛应用的说法，如“买某个观念的账”“创造某种思想的所有权”，把学生说成“客户”，使用“缩减规模”或“调整规模”等委婉的用语（暗指裁员有助于恢复市场的天然平衡）来掩盖人们失去生计、家庭、婚姻、自尊和希望的事实，让一切听上去更顺耳。这种批判性思维主要源于批判理论，着重考察以实现民主社会主义为目的的权力关系（Brookfield，2004；Brookfield & Holst，2010）。

事实上，批判性思维至少有五个大相径庭的思想渊源，这也就解释了为什么跨学科教授批判性思维的努力总是付诸东流。我曾参加过批判性思维的特别教学组，出席了评价学生批判思维能力的各种会议，结果发现，虽然与会者表面上像是在讨论同一件事——批判性思维，可实际上，我们对这个词的理解各不相同。这不是因为后现代主义者口中的失败的逻各斯中心主义——文字的意思是模糊不定的，完全取决于听话者的诠释——而是反映了五大思想渊源的显著影响。

这五大思想渊源是什么呢？根据对批判性思维的影响程度的粗略排序，分别为：分析哲学与逻辑学、自然科学、实用主义、心理分析和批判理论。下一节中，我将概括介绍这五大思想渊源，探究它们对批判性思维的不同构想。

渊源一：分析哲学与逻辑学——辨别语言把戏

这是迄今为止对北美批判性思维的理解和教学影响最深的思想，它对批判性思维的定义是：学生更熟练地构建和解构论证的过程。我的孩子在圣保罗上学时，老师根据批判性思维的练习，多次对孩子进行评价。简言之，老师要求孩子给出他们的观点、结论并陈述背后的理由，不论是在微积分、社会学还是自然科学的课堂上。而且孩子还要根据他们举出的相关证据，判断这些理由在多大程度上是合理的。在他们的社会学课上，一个常见的课堂活动是读一段本地报纸的文字，分辨哪些是事实性陈述，哪些是观点性陈述。数学课上，重点是让孩子学会演示某个答案背后的推导过程，而不是简单地给出正确的答案。

目前出版的大部分批判性思维书籍中，大多数源于这一思想，它着力辨别逻辑谬误，分辨偏见和事实、观点和证据、判断和合理推理，善于利用不同的推导方法（归纳、演绎、形式推理、非形式推理、类推，等等）。在维特根斯坦（Wittgenstein，2009）看来，社会关系如同文字游戏，社会认知等同于分析语言的多重意思和用途。社会行为被视为言语行为（Searle，1995）。加利福尼亚州批判性思维基金会出版的入门丛书涵盖了分析思维（Elder & Paul，2010）、苏格拉底式提问（Elder & Paul，2007a）、辨别思维骗局（Paul & Elder，2006a）、如何读一个段落（Paul & Elder，2008）、如何写一个段落（Paul & Elder，2007b）、如何学习一门学科（Paul & Elder，2007c）以及提问的艺术（Elder & Paul，2006b）等，肯定了这一思想渊源的卓越价值。

尽管分析哲学与逻辑学显得太过专业，主要关注建构和解构论证的技巧，但它也带着一种道德目的。迪斯特勒（Diestler，2009）指出，一个人评价论点是否合理是为了帮助他发现论点背后的操纵性和虚假性，从而保护自己不受伤害。她和巴萨姆、欧文、那当、沃勒士（Bassham，Irwin，Nardone & Wallace，2007）等人认为，熟悉语言游戏有助于一个人理解语言的力量和误导性及其对有效的批判性思维的阻碍。分析哲学认为，如果能理解偏见如何伪装成经验事实或客观解释，一个人就更知道该相信什么、怎么做。通过分析我们如何判断他人的论断，沃恩（Vaughn，2009）指出，如果能更好地认识信念的来源，我们就能判断这些信念是否可靠。保罗和埃尔德（2006b）的一本入门小书就是介绍如何辨别媒体偏见和宣传伎俩的。

我相信，大概和批判理论一样，这一思想渊源下的批判性思维也具有政治性。作为英语作品中被编选次数最多的散文，乔治·奥威尔的《政治与英语》（*The Politics of the English Language*，1946）一文充分说明了这一点。宣传者和煽动者深知，语言把戏是一个有力的工具，可以帮你赢得别人的赞同，即便这不符合他们的最佳利益。所谓的霸权意识是指，当你有了某个想法，就按照这个想法行动，仿佛它是再明显不过的常情，结果却发现，这样只能让那些希望你采取不明智的行动的人从中渔利。让别人同意甚至支持你去做损害他们利益的事太难，而且不能强行，因为公然的胁迫很容易被识破。但是，控制别人的思维和世界观，尤其是通过语言和图片的使用，却可以让你轻松得到他人的赞同，去损害他人的利益。

下面是一些常见的语言把戏：

- 通过生动的个人经历来提出一个抽象的观点，好让人们将该论点和容易记住的个人经历联系在一起。
- 反复重复一个歪曲的观点，使之变成看似合情合理的事实。

● 对对手的观点断章取义，歪曲其意思，强调这是对手的主要观点。

● 把正面的符号和思想（民主、爱国、开放）跟自己的观点联系起来，把负面的符号（欺骗、不爱国）和对手的观点联系在一起。

● 把个人的观点伪装成大部分人的意愿，例如以“美国人民绝不接受……”或“美国人民真正想要的是……”这样的说法开场。

● 把推断伪装成不争的事实，而非假设预测，例如“这一政策必然让国家走向破产”。

● 从某个类别中选一个例子（“我知道这个……的共和党人”“我有一个……的英国朋友”），进行毫无根据的概括——将个体的特殊问题概括为整体的问题。

● 利用有威望的权威来佐证个人观点的正确性，例如“《圣经》清楚地告诉我们……”或者“在宪法中，国父们明确提出……”。

● 对某一类现象，如人（白人、黑人、亚洲人、阿拉伯人）、状况（不民主的联盟、僵化的管理、腐败的政客）或艺术作品（法国电影、重金属音乐、复古戏剧）形成模式化的看法。

● 进行不正确的类推，让人们不相信对手的观点，例如“禁止吸烟是纳粹主义的前兆”。

有人会说，学校教学生分辨这些语言把戏，可能会在政治上带来爆炸性影响。如果学生明白如何把观点联系在一起，让别人相信某个观点本质上、客观上是正确的，抑或如何提出观点，在牺牲他人利益的基础上达成某种结果，那么他们将更能明辨是非，独立判断是否接受这些观点。分析哲学与逻辑学本身不附带任何政治观，时常被不同政治倾向的人赞誉或攻讦。当然，它也不能逃脱第一章介绍的价值基础：一个人无理扭曲的东西可能成为另一个人的经验事实，一个人视为错误推断的可能被另一个人当作历史的必然。所以说，分析哲学虽然不具有政治性，但和民主存在紧密的关联。

渊源二：自然科学——假说演绎法

1620 年，弗朗西斯·培根的《新工具》(*Novum Organum*）一书问世，在书中，他指出了跨学科研究的哲学基础。培根认为，寻找真正的因果关系，最可靠的途径是找出导致某个现象出现差异的变量，即表现同一现象的其他实例中不存在的因素。举个例子，如果我们的乐队连续两晚以同样的方式演奏同样的曲目，观众的心情也完全一样，不同的是，第二晚加了一首新歌，假若观众第二天的反应有何不同，一定是因为这首新歌。培根深信，细心的观察实验是可靠思维的基础，这也是促使他提出假说演绎法的哲学信念。

假说演绎法的第一步，就是培根强调的细心观察。首先，对一系列现象之间的相互联系，给出一个似乎可信的解释。严格来说，这一步不符合逻辑，实际上，这个解释经常是靠高度的想象、一闪而过的想法或“打破惯性思维”做出的。对一个现象进行研究之后，研究者提出一个假想——这个现象背后存在某种因果关系。接着，他开展一项实验，验证实验的预期结果是否会成为事实，在结果的基础上，证实或证伪这个假说。如果这个假说被证伪，就综合第一项实验的数据，提出新的假说，再次重复这个过程。卡尔·波普尔（Karl Popper）的《科学发现的逻辑》（*The Logic of Scientific Discovery*，2002/1959）一书提出了可证伪原则，对这一方法做出了重要的完善。在波普尔看来，真正的科学定理是可以反证的，换言之，是通过实验最终可以被证伪的。他认为，所谓的"真理"应该是我们全力证伪之后留下的东西。

有趣的是，波普尔认为，科学方法和政治开明的民主社会之间存在天然的对应关系，借此对人类行为、智识演化和社会进化做出新的解释，任何根据一套理论框架的原则建立起来的社会对新知识都是封闭的。诸如原教旨主义等理论，都坚持人类历史是可以提前预测的、将以既定的方式展开，在波普尔看来，这些都是阻碍真正的研究的体系，都犯了历史决定论的错误。在《历史决定论的贫困》（*The Poverty of Historicism*，2002/1957）一书中，他提出，这些决定论的哲学体系，不可避免地会压制对奉若神谕的政党路线的异见，对新的知识保持封闭。历史决定论及对研究的封闭，是开放社会的主要敌人之一（Popper，1971a，b）。

波普尔的著作将可证伪原则与政治开明联系起来，对批判性思维产生了重要影响。批判性的五大思想渊源背后，不可或缺的是一种对待新知识的开放态度和倾向。批判性思考者，顾名思义，即总对重新假设，也就是我所说的质问假设保持开放心态的人。他坚信不论是多么坚定的信念，未来的事件都可能证明它是错的。这并不是说，这个信念不够坚定，毕竟，任何社会变革的火花都要靠一点坚定来点燃，而是说，在证据（包括个人经验）面前，即使最坚定的信念，也有被修改甚至被抛弃的可能。

提出假设、进行检验的思想远超量子力学、混沌理论和概率论，被大部分人推为科学推理的最高点。它重观察和证据收集，对批判性思维的其他渊源也产生了深刻影响。证明或证伪猜想和原理的唯一方式，是细心地搜集证据，所以在本书中，每次我提到检验假设的前提是检验支撑假设的证据的时候，都是得益于自然科学的启示。

这一思想也让很多自认为是批判性思考者的人明白，敢于自我批判，才是真正的批判性思维。即便政治倾向最明显的批判理论者，也承认他可能是错的。因此，意大利共产党创始人及坚定的马克思主义者安东尼奥·葛兰西（Antonio Gramsci）在1918年发表于《人民的呼唤》（*Il Grido del Popolo*）的一篇文章中告诫世人：马克思“不是救世主弥赛亚，没有留下一串寓言故事，讲述着超越时空的绝对真理和明确标准”（1988，p. 36）。葛兰西认为，马克思主义思想的价值是暂时的，随着情况的变化，有必要对它的实用性进行批判评价。

这一观点指出，所有知识，尤其是解释世界如何运行的理论，都是暂时性的真理，体现了批判精神。实际上，说到教学生批判性思考，关键也是让学生养成这种开放的心态。皮亚杰之后的认知学家和发展学家（Sinnott，2010）发现，从固定不变的二元思维模式（答案只有对错之分）转变到相对、多元的模式（答案受很多不同的变量的影响，变量发生变化，答案也随之改变）十分艰难。因此，老师要不断了解学生刚接触这门课时的感受，毕竟批判性思维容易让人觉得模棱两可。如果你拿“看情况”来回答学生，他们会面露沮丧之情，在他们看来，老师的职责就是给出明确、可靠的答案，尤其是在他们为上学背上巨额债务的时候。

渊源三：实用主义——通过实验实现更美好的结果

批判性思维的第三个思想渊源是美国的实用主义，它强调要不断实验，以找到更好的（按照实用主义的说法是“更美好的”）社会形式。它认为，在建设民主社会的过程中，我们不断地实验、改变、修补，好让民主更好地发挥作用，其中一项就是寻找自己或他人的错误之处。实用主义坚信，要想知道怎么让民主更好地运行，必须通过这三种方式：不断实验、吸取教训、主动寻找新的信息和可能性。实用主义推崇的政体是民主，因为民主能促进多样化的实验。车里霍尔姆斯（Cherryholmes，1999）写道：“实用主义的前提是民主”，因为“开放、包容和实验远比封闭、排外和褊狭的结果要好”（p. 39）。

不幸的是，人们的口耳相传完全扭曲了大部分人对“实用主义”这个词的理解，使人误以为“实用”就是投机，就是不择手段满足自己的私欲。这与查尔斯·桑德斯·皮尔斯、拉尔夫·沃尔多·爱默生、威廉·詹姆斯及约翰·杜威提出的实用主义概念背道而驰，他们认为，实用主义是为了实现更美好的预期结果。审美是实用主义的基本考量，所以实验的目的是增加世界上的美。深受杜威影响的成人教育工作者艾多拉德·林德门（Eduard Lindeman），也将幸福生活视为一个美好的、创造性的目标（Lindeman，1961/1926）。

在和贝尔·胡克斯的谈话中，康奈尔·韦斯特说道：“说到美国，就不能不说即兴创作和实验精神”（Hooks & West，1991，p. 34），道出了实用主义的精髓所在。实用主义“试图把思想当成有效行动的武器”（West，1993，p. 82），尤其是促进“民主环境下个体的繁盛和发展”（p. 32）的行动。实用主义不主张为了行动而行动，尽管看重“人的意愿、人的力量和人的行动”（p. 37），但它绝非庸俗的务实抑或不道德的投机主义。韦斯特认为，实用主义“珍视……民主的生活”（p. 31），鼓励“个体通过社群参与，拥抱开放的、充满风险的未来”（p. 43）。

韦斯特之所以提倡实用主义，第二个原因在于它的自我批判性。他尤其推崇杜威的观点——哲学思维需要对假设进行不断的批判分析。因此，实用主义就是要“不断质疑过去的解释中隐含的假设，检视这些解释背后的标准、解决办法及由此形成的自我形象”（West，1982，p. 20）。在实用主义者看来，“一切标准、前提和程序……都难免被修改”（p. 20）。实用主义之所以被称为实用主义，是因为它“号召人们质疑一切形式的教条主义”，相信一种可错论——“一切论断都可能被改变”（West，1993，p. 43）。不要把实用主义和反理论，抑或一切因环境而定的观念相混淆，相反，“实用主义巧妙地把实验精神和对问题（例如社会和文化危机）的理论阐述结合了起来”（p. 137）。

如果说分析哲学与逻辑学以及后来的科学方法是欧洲的思想传统，实用主义则主要是美国的硕果，但上一节提到的波普尔的可证伪原则与实用主义的实验精神存在直接的关联。在对政治和社会行为的关注方面，实用主义与批判理论也不谋而合，都强调要采取行动，以实现最理想的结果。不同的是，批判理论聚焦于社会主义，实用主义的焦点则在民主上，但两者的确有很多交集，参见尤尔根·哈贝马斯

(Jurgen Habermas，1987）的著作。巧合的是，不仅波普尔强调科学研究需要一个开放民主的社会支持，实用主义对民主也推崇备至。实用主义者深信，民主是最美好的社会形式，它可以包容最大多数人的想法和参与，而不存在排除异己的政治机器。

强调开放的研究需要听取多方的声音，是实用主义对批判性思维影响最深的一点。人们普遍认为，科学方法是科学家的事，可实用主义却把日常生活中的平常经验当成严肃研究的对象。要想解决某个问题，典型的、实用的办法是咨询所有正在受该问题影响的人、过去解决过该问题的人以及掌握专门信息的人，把他们的经验综合起来，形成有益的见解，最终找到问题的原因和解决办法。所以说，如果老师要求学生批判性思考日常经验和假设之间的关系，他们就是受了实用主义思想的启发。从实用主义的角度来说，批判性思维的核心就是通过多角度思考，更准确地认识我们所做的假设。

说到这里，可能让你想起，在第一章开头，我把批判性思维定义为一个发现和分析假设的过程，同时提出，最有效的办法是从多角度审视这些假设以及在此基础上形成的实践。批判性思维和实用主义都把日常经验看成一个核心问题，都重视尽可能多角度的解释，都将研究视为一个不断综合新见解、尝试新方法的过程，因此，批判地分析个人经验，就是尽可能从不同的角度去解释。卡尔德隆（Calderon，2011）指出，多角度思考是民主社会最重要的特质，因此瑞森（Reason，2011）提出，大学的核心任务是教会学生从多角度思考。

分析哲学与逻辑学下的批判性思维有时让学生觉得过于抽象，像是在做毫无意义的智力游戏；自然科学下的批判性思维似乎让人望而生畏，尤其是对普通人而言；而实用主义下的批判性思维则让人觉得实际、有意义，有助于日常生活中的决策，所以说，那些教学生批判性思维、让学生做出更明智的决策的本科课程，其实得益于实用主义的启发，不管你是否承认，这些课程确实是受了实用主义的深远影响。

就我个人而言，我学习的成人教育学也深受实用主义的影响。人们通常认为，成人教育的目的是帮助成年人分析他们的经验，找到办法解决那些危害他们生活的问题。这一领域也重视主动学习和实验方法，鼓励学生主动参与讨论，而不是被动听讲，这是受了艾多拉德·林德门（1961/1926）等早期理论家的直接影响，因为林德门将杜威的很多想法引入了这一领域。在迈尔斯·霍顿（Myles Horton，2003）的著作中，他强调要利用会话圈，让社会活动家意识到，经过合作、批判的分析，他们的个人经验可以成为宝贵的资源，在为社会公平斗争时，助他们一臂之力。保罗·弗雷勒（Paulo Freire，2005）有关提问式教育和觉悟启蒙的著作也把日常经验，尤其是日常用语，当成研究和批判解构的主要对象，旨在帮助农民揭露隐藏在生活背后的政治不平等。

总而言之，实用主义深刻地影响了高等教育中与批判性思维相关的大部分教学活动，它把学生自己的困境、问题和经验作为课程的中心焦点。一般的批判性思维课程都以学生切身面临的问题，而不是一大堆抽象的材料为对象。教师不断尝试新的活动和资源，让课程变得更有针对性、更有趣，这都是受了实用主义的启发；当教师强调要吸取教训或以前的假设和观念存在破绽的时候，也是吸收了实用主义的思想；当学生相互咨询，以弥补分析的缺陷时，也就成了实用主义者。

渊源四：心理分析——过完整、真实的生活

批判性思维的第四个思想渊源是心理分析和心理治疗，这么说可能引起大部分教师的反感。这并不是因为这门学问是骗人的，根本靠不住，而是因为普通教师未经训练，一旦涉足这一领域，试图探索学生那复杂（甚至危险）得让人难以理解的心理世界，可能会给学生造成巨大的伤害。一个生物教师，怎么可能帮助学生找到他们童年遇到的、阻碍成年之后的发展的问题呢？让他批判地分析一下光合作用也许还行，可要让他探究专横的父亲对孩子的影响，拜托，别闹了！

这一学科的影响仅限于那些能以学生的个人经验为素材的课程，例如社会科学、公共事业，抑或社会工作、护理、教育这类应用型学科。当然，在临床心理学中，它绝对是课程重心，但是该怎么把它引入到根本不是要把学生培养成治疗专家的相关学科中呢？

答案在于这一思想背后存在一个不证自明的假设，简言之，每个人都有一个核心的、真实的人格，等着被了解和释放。这一人格的结构是完整的，照安东尼·斯托尔（Anthony Storr）在《人格的完整性》（*The Integrity of the Personality*，1992/1961）一书中所说，当我们在内在的本质和外在的工作、关系之间建立起紧密、健康的联系时，这一人格就形成了。近年来的一些教育学著作，包括帕克·巴默尔（Parker Palmer）的《隐藏的一切》（*A Hidden Wholeness*，2008），

也反映了这一核心思想。这本书的副标题“迈向完整生命之旅”(The Journey Toward an Undivided Life)，完美地概括了心理分析和心理治疗的核心思想。巴默尔认为，现代生活迫使人们过着一种割裂的生活，对成功和幸福的追求与内心生活背道而驰。他相信，通过加入长期的小圈子——他所谓的“信任圈”——人们可以治愈自己的心灵，听到内心的召唤。

巴默尔在其著作中推崇真实的内心，即斯托尔所说的完整人格，只有这样，内心的渴望才能与外部行动协调一致。如何达到这种状态呢？只有通过所谓的批判性思维。转化式学习的主要提出者杰克·马济洛（Jack Mezirow，1991，2000）提到了“一个自我解放的过程，也就是批判地认识心理——文化假设如何束缚我们对自我及自我关系的看法”（1981，p. 6）。在转化式学习的框架基础上，古尔德（Gould，1990）等理论家将批判性思维定义为，成年人逐渐意识到童年时期的压制如何阻碍他们的全面发展的过程，而这种意识是人们消除内心的恶魔，迈向完整、真实的人生的第一步。

不同的理论家均不同程度地强调，新的社会结构是构建完整的新人格的前提。例如，卡尔·罗杰斯（Carl Rogers，1961）认为，意义深远的个人学习和个人发展是在个体治疗和集体治疗中实现的，但他并未将政治因素考虑在内，在后来的《一种存在的方式》(*A Way of Being*，1980）一书中，他承认这是他的疏忽。艾瑞克·弗洛姆（Erich Fromm，1941）和罗纳尔德·赖因（Ronald Laing，1960）则认为，人格是由社会和政治塑造的，在他们看来，精神分裂或精神失常是社会造成的现象，是资本主义内部矛盾在个人关系中的表现。

肯·罗奇的电影《家庭生活》(*Family Life*，1971) 也表现了这一点，刻画了一个患上精神分裂的年轻女性，她的崩溃就是由心理健康政策（对精神失常进行电击治疗）和主导的意识形态（父母逼迫她堕胎，以免背上未婚先育的耻辱）共同造成的。在赖因这样的激进派心理学家和弗洛姆这样的新马克思主义者看来，个人转变与社会变革是不可分割的，要想重建人格，就要破除疯狂的、不人道的社会形式，用更合适的社会结构取而代之，以此调和资本主义的内部矛盾。在《马克思论人》(*Marx's Concept of Man*，1961) 一书中，弗洛姆指出，年轻的马克思深信，社会主义革命的主要好处就是转变人格，塑造博爱的新型公民。

讲到这里，似乎有些偏题了，所以重申一下心理分析和心理治疗的思想为什么对批判性思维如此重要。这一思想认为，通过批判分析自己的经验，我们就能辨别那些阻碍我们发挥内在潜能的假设，借助批判性思维，可以让我们内心的渴望与外在的工作、爱的承诺协调一致。实现这一目的的主要方法，是频繁的谈话治疗，通过这种方式，批判地审视那些左右我们的生活、行动和重大决策的假设。

由于之前提到的抑郁症，我本人也曾接受过心理分析和心理治疗。治疗主要有两个过程：首先，医生鼓励我认清那些左右我的思维的假设，比如怎么看待抑郁症的病因，或者健康的人格应该是什么样的；其次，医生引导我从不同的角度看待抑郁症，把它当成化学物质失衡抑或脑化学的并发症，与高血压和胃酸倒流没什么两样（这两样我都得过）。

揭示和质疑左右我们的行为的假设，从不同的角度审视固有的行为和想法，这是心理治疗和批判性思维的通用模型（参见第一章）不谋而合的地方。两者都认为，批判性思维能帮助人们做出明智的决定，建立健康的人际关系，塑造真正的人格，最终提高生活质量。在这点上，批判性思维假设人们有一个核心人格等着被发觉和实现，高度体现了现代主义思想。到第九章，你将看到后现代主义者如何为这一思想蒙上怀疑主义的色彩。尽管心理分析和心理治疗的影响不如分析哲学、自然科学或实用主义那么深刻，但它强调人们要分辨那些根深蒂固的假设，认清自己，站在他人的角度看问题，说明它确实是批判性思维的一个思想渊源。

渊源五：批判理论——对强权说真话

批判性思维的第五个思想渊源——批判理论，带有最明显的政治性。虽然实用主义也坚信民主是保障知识开放和进步的政治基石，但批判理论汲取了马克思主义和民主社会主义的营养，是政治性最“赤裸裸的”批判思想。这一思想认为，批判性思维的直接目的，是促进社会公正，揭露和破除权力不平等，例如学会辨别和反抗意识形态操纵，揭露滥权现象。

“批判理论”这个词是由法兰克福批判社会理论学派的思想家提出的，包括霍克海默、阿多诺（Horkheimer & Adorno，1972），马尔库塞（Marcuse，1964）和哈贝马斯（Habermas，1987），主张人们要学会辨别隐藏在日常生活中的不公平的主导意识形态，这些意识形态看似正常，实则左右着我们的行为，维持着一个不公平的体系。作为一个体系，批判理论的基础是有关世界如何运行的三个核心假设：（1）看似开放的西方民主社会实际上是极度不公平的社会，其中，经济不平等、种族歧视和阶级歧视是不争的事实；（2）这种状态之所以看似平常、自然、不可避免（从而避免可能受到的质疑），是因为主导意识形态的传播；（3）批判理论之所以研究这种状态是为了改变它。

主导意识形态由一套被广泛接受的信念和行为组成，左右着人们对个人经验的看法和生活方式，一旦有效地发挥作用，可以为充满经济不平等、种族歧视、同性恋歧视和性别偏见的社会省去不必要的对抗。意识形态的主要功能是让人们相信，这样的世界是完全合理的，这样的社会能满足所有人的最大利益。批判理论则认为，主导意识形态本质上是操纵性、欺骗性的。在批判理论看来，批判的思考者能识别这种操纵性，洞明资本主义的伦理和科层理性的逻辑是如何迫使人们助纣为虐，延续经济、种族和性别压迫的。因此，批判性思维的教学就是引导人们看穿日常生活的表象，认识意识形态操纵是如何让人民万马齐喑、循规蹈矩的。

安东尼奥·葛兰西（1971）的思想是批判理论的重要组成部分，他提出的霸权意识是指人们坚信能满足自己最大利益的思维和行为方式，实际上对自己有百害而无一利。此外，也是关键的一点，批判理论认为，批判的思考者会采取行动，创造更民主、更集体主义的经济和社会形式。有些批判理论者（例如康奈尔·韦斯特）将社会变革诉诸民主社会主义，也有些（例如艾瑞克·弗洛姆）诉诸社会主义的人道主义，因此，批判理论也让某些旨在把学生培养成社会活动者和环保活动者的课程深受启发。和心理分析与心理治疗一样，批判理论最深刻的影响也是在社会科学领域。除此以外，涉及科学的社会功能、科学家的道德责任或科学决策的伦理标准的高级科学课程，多少也受了批判理论的影响。

正如实用主义重视民主的客观价值，批判理论也认为，批判性思维是为了促进民主，但与实用主义不同的是，批判理论不仅强调政治民主，也强调经济民主——消除阶级、种族、性别等结构不平等现象，所以时常关注社会主义。同时，批判理论明确指出了批判思维的敌人——资本主义、白人至上、男权政治、异性恋等主导意识形态以及确保大多数人毫不质疑地接受这些意识形态的操纵手段。按照这种模式思考的人最有可能被当成闹事者，不论何时何地，他们能看到的总是强权、种族、阶级、性别偏见以及对残疾人和同性恋的歧视。某种程度上，任何敢于批判质问的人都冒着被看成笨蛋的风险，你在会议上问一句“这背后有什么假设”，别人就可能以为你在浪费时间或故意捣乱。受到批判理论的影响，批判性思维总是把矛头对准滥权和故意排外的体制结构，其影响是爆炸性的。

从这种意义上讲，批判性思维的教学是要帮助学生培养 C. W. 米尔斯（C. W. Mills，1959）所谓的结构化的世界观，即个人问题总是被当成社会现象来分析。例如，裁员是因为资本主义要开拓新市场、最大化利润、降低劳动成本；医疗的发展（或匮乏）是因为制药公司和保险公司形成了完整的体系，来定量提供医疗服务；离婚是因为要打三份工、上学、看病等，压力太大；照这种思路，学习批判性思考就是要思想排毒，个人主义思想——相信命运和心灵掌握在自己手中——是被错误的意识给利用了。之所以有错误的意识，是因为被主导意识形态欺骗了，让你以为不平等是达尔文适者生存法则的正常结果，人之所以成功，是因为天赋异禀或比别人努力。

由于草率地区分谁好（批判理论者）谁坏（怀着种族歧视的资本家），还先入为主，把民主社会主义当成最终的出路，批判理论也受到了批评。这一点与其他的思想渊源截然相反，其他思想认为，批判性思维就是要乐于接受新的可能，而不是预设自己的立场。这些批评之词有一定的道理。批判理论者着力揭露他们所谓的滥权现象，认为某些意识形态（资本主义、白人至上）存在严重的危害，奉行这些意识形态的人（老板、管理者、董事）就是在害人、搞破坏。

批判思想本质上具有自我批判的属性，毕竟，这一理论的初衷是完善马克思主义思想。马克思没有预料到，工业国家非但没有追随俄国的布尔什维克革命，没有推翻资本主义的统治，还拼尽全力迈入资产阶级的行列，也没预料到大众传媒的崛起，以及大众传媒在传播主导意识形态中所发挥的作用。布朗纳和凯尔纳（Bronner & Kellner，1989）认为，“批判理论受了黑格尔和马克思辩证思维的影响，本质上乐于接受完善和修正”（p. 2）。其他著作，如 C. W. 米尔斯的《马克思主义者》（*The Marxists*，1962）、伊格尔顿的《意识形态》（*Ideology*，2007）和布朗纳的《批判理论》（*Critical Theory*，2011），也都暂时性地接受和采用了批判理论的解释框架，同时竭尽全力地质疑这些框架。因此，用马尔库塞的话来说，“最后但同样重要的一点，批判理论对自身及构成其理论基础的社会力量也持批判态度”（1989，p. 72）。

小　结

本章一开始提出，不同学科下的批判性思维有着共同的目标——帮助学生认识学科知识演变成真知的过程，在这里，我采用的核心概念是 R. S. 彼得斯提出的学科规范。接着，简单介绍了对北美地区批判性思维的理解和教学产生最重要影响的五大思想渊源。我认为，五大思想渊源并非相互排斥，其实是相互借鉴的。例如，掌握了分析哲学建构和解构观点的工具，有助于辨别媒体是有意传递错误观念的，其目的是让人们遵从主导的意识形态；接受了实用主义提倡的实验和吸取教训的精神，会对破除强权、建立企业和社群中的民主大有帮助。

下一章将不再论述思想渊源，而转向实际的经验，尤其是学生的经验。受了实用主义的启发，我的教学方法就是彻底了解学生学习批判性思维的方式。第三章将总结学生学习的主要特点，探究这些特点对我们的教学有何启发。

读书笔记

第三章　如何学习批判性思维？

这一章，我要回到批判性思维的关键问题——学生对它的切身体会和认识上，不再讨论批判性思维的相关研究，而转向探索学生对它的认识和实践。幸运的是，目前已有大量书籍旨在帮助学生认识和实践批判性思维，这些书着重分析批判性思维的思考过程，以及培养批判性思维的辅助练习，其中大部分着力于如何分辨观点对错（Thomson，2008；Fisher，2001；Andolina，2002；Waller，2004；Barnet & Bedau，2005；Chaffee，2006；Ruggerio，2008；Nosich，2009）。这些书中，有的吸收了分析哲学与逻辑学的思想，能帮助学生正确地思考（Flew，1998），提出正确的问题（Browne & Keeley，2007），批判性思考（McInerny，2005），或判断伪科学、盲信的命题（Schick & Vaughn，2002）；有的探索如何把批判性思维运用到道德问题（Wall，2003），公平、道德、灵性等深奥的思想（Chaffee，2008），以及信仰的问题（Conrad，2008）中；有的指导读者把批判性思维应用到写作（Barnet & Bedau，2005；Cooper & Patton，2009）、提高学习技巧（McWhorter，2008）上；也有的致力于个人运用，帮助读者把批判性思维运用到个人生活和工作生活中（Andolina，2000；Paul & Elder，2005）。

本章中，我想放下实践和应用的问题不谈，先探究一下学生在现实生活中做得如何，具体来说，就是考查学生认为哪些活动和方法最能帮助他们学习批判性思维。我的观察结果来自1500多份《关键事件调查问卷》，这些问卷是过去30年里，我在母校圣托马斯大学及另外两所大学——哥伦比亚大学（纽约，1982—1992年，任该校全职讲师）和国立路易斯大学（芝加哥，自1992年起任客座讲师）的教学中，由参加批判性思维课程的学生填写的。

在整个教学生涯中，我一直把《关键事件调查问卷》当作有用的课堂评估工具，问卷共有五项内容，要求学生回顾某一周的课堂教学，回答下面五个问题：

- 什么时候让你最投入？
- 什么时候你最跟不上？
- 其他人在课堂上的举动，你认为哪一点让你受益最大？
- 其他人在课堂上的举动，你认为哪一点让你最困惑？
- 关于这堂课，哪一点让你最吃惊？

可以在我的主页（www.stephenbrookfield.com）下载这份问卷，上面也有一些关于问卷使用的案例研究（Adams，2001；Glowacki-Dudka & Barnett，2007；Keefer，2009）。如果是一学期的课程，可以要求学生每周填写一次，每周某节课的最后五分钟交给学生填写问卷。所有问卷都是匿名的，不显示学生的姓名，由一名学生收集上来，我会在下周第一节课前浏览所有问卷，记录出现的主要话题，在下一次课上向学生做简短的报告。如欲了解更详细的使用方法，请参考《成为批判反思型教师》（Brookfield，1995）一书第五章。

这些问卷中，反复出现了五个话题。第一，学生认为，最有效的方法是小组学习。在小组里，同伴就像一面镜子，帮助他们发现一些从未得到检验的假设，提出一些他们从未想到的新角度。学生似乎主要是通过社会学习来学习批判性思维的。第二，学生喜欢老师向他们示范批判性思维的过程。第三，学生认为，通过案例研究、关键事件、模拟和情景分析的方式，把批判性思维和具体的经验联系起来，这一点很有帮助。第四，学生强调，面对超出他们舒适圈的突发事件，即转化式学习的提倡者马济洛（1991，2000）等人所谓的困境迷惑时，他们最能批判性思考。第五，学生认为自己的学习轨迹是渐进式的，希望有更多的机会在相对不受威胁的环境中实践批判性思维，然后再慢慢地把它应用到自己的生活和经验中。接下来将详细介绍这些发现。

批判性思维是一种社会学习

大多数学生都认为，小组学习是最有趣的学习方式，这一说法出现在大部分问卷中。约80%的学生声称，小组学习中那些切中要害的问题让他们受益最深。似乎当同伴指出来的时候，学生更能发现假设和新的角度。他们生动地描述了被同伴提问一些从未考虑过的问题时的情形，从同伴对自己观点的反馈和提出的不同角度当中，他们学到了很多。不论是从它的预测性还是反复出现的频率来看，这一发现都值得引起注意。一节又一节，一次又一次，一年又一年，学生不断地告诉我，正是通过小组学习中的同伴交流，才让有时十分抽象的批判性思维有了血肉，更容易让人理解。鉴于第四、五、六章也将介绍一些学生认为有益的小组学习活动，本章就不再赘述了，这里主要讨论同伴学习的重要性所在，以及最有效的社会学习方式。

考虑到通过深度自省来认识自己的动机、假设和世界观有多难，若说批判性思维是一种社会学习，也就不那么让人吃惊了。认识假设是一项困难又矛盾的任务，没有几个人能靠自己来完成，不论我们以为对自己的认识有多准确，都难免是在用自己的思维框架来认识自己的思维！这就像一条狗试图咬住自己的尾巴，抑或一个人试图在壁镜里看到自己的后脑勺。某种意义上，我们都是囚徒，被困在自己的认知框架中，被我们的思维左右着。我们不加批判地接受一些假设，这些假设左右着我们的行为，而这些行为又反过来肯定这些假设是正确的，最后形成了一个自我肯定的循环。跳脱自我，回过头审视自己的人生，去发现一些导致我们做出错误决定的根深蒂固的价值观和信念，似乎万分艰难。要辨别我们的假设，需要从不同的角度反思自我及自己的行为，根深蒂固的假设对我们的影响太深，很难通过自我意识认识清楚。

然而，借助朋友和同事来认清自己的假设，也存在一个问题：你找到的镜子常有着跟你相同的假设。这时，同他们交流只会形成一个封闭环，不断肯定同样的偏见和刻板印象。就像我们倾向于读一些跟我们意见一致或我们觉得亲切的作者所写的书一样，我们也倾向于找一些跟我们态度一致或熟悉我们的态度的同伴，人们极少有意通过一些跟我们意见相左甚至动摇我们的既有信念的书籍、会话或做法，来进行反思。因此，作为老师，在设计小组学习活动时，要确保你设计的活动能提供一些让学生感到吃惊的信息、问题或思考角度。

系统地找出假设常被人们有意地避免，以免带来什么后果。没有人想知道自己相信了那么久的观念竟是歪曲的、错误的，可如果把它变成一个共享的过程，尤其是当看到别人在寻找假设和新角度时也是痛苦万分的时候，一切就容易接受得多了。学生大体上认为，被同伴提问或提出不同的解决办法比由老师提出来得更舒服。这背后有两个原因：首先，同伴更可能用接近学生经验的用语和例子来提出问题或指出新角度，所以，用学生熟悉的语言提出的问题和角度更容易被接受和准确理解。作为一名 60 多岁的老教师，对我来说，用学生容易接受的例子和语言越来越难。要是 60 岁的我和 18 岁的学生有着一样的生活方式，看一样的电视节目，喜欢一样的音乐，使用一样的社交媒体，反倒让人觉得吃惊了。

另外一个原因是权力分配不同，并不是说权力分配在学生之间不重要，恰恰相反，种族、阶级和性别差异在学生小组中也一样重要。学生之所以和试图掌控整个小组的组员合作，要么是因为他对话题感兴趣，要么是因为他是个自大狂，乐于倾听与自己一致的观点。换作是一个老师告诉你要质疑自己的假设，或者你忽略了一个重要的角度，再或者你忽视了某条信息的重要性，这比听一个最自大、自吹自擂的同学说这些更可怕。毕竟，老师朱笔在手，掌握着你的命运。所以，尽管有些奇怪，但一个与你的思维相左的想法，如由同学提出来，可能会被认真考虑，如果换作是老师，情况就不一样了。

最后，我想强调一下细心组织小组学习活动的重要性。我说批判性思维是一种社会学习的时候，有一个限定条件。据学生反映，最有效的学习活动是那些一开始就把基本准则说清楚、理解清楚，把焦点放在批判上的活动。社会学习绝非闲谈或者散漫的对话，而是让学生认真地相互倾听，相互提问，揭开假设，提供新的思考角度或想法。

能实现上述目标的社会学习，有两种组织形式：情景分析和批判会话。情景分析（详细解释参见下一章）是指，让学生读一段简短的小说情节，其中的一个人物面临一个选择。小组中的学生需要完成三项任务，要求每个人读完后：(1) 指出情景中的人物所做的显性或隐性假设，判断其属于因果型假设、规范型假设还是范式型假设；(2) 想出不同的方法，帮助情景中的人物检验假设；(3) 从不同的角度解读该情景，不能与情景中人物的角度一样。这三项任务与第一章中介绍的通用模型的前三个步骤一致。这项入门练习很简单，不存在威胁，因为分析的对象只是一段小说情节和一个虚构的人物。

另一种组织形式——批判会话（详细解释参见第五章）强度更大。在这项练习中，学生向小组内的同伴说明自己切身面临、希望得到更好解决的问题，而且有着严格的基本准则，规定怎么提问题，所有的问题都是为了问清情况，好给予帮助，而非指责或贬低（例如，“你真的是说……吗?”“你为什么不……?”）；接着，同伴指出他们对问题的认识背后存在的假设，这一步也要遵守基本准则，确保学生不会觉得自己被冒犯了；然后，同伴给出建议，帮助学生从不同的角度认识他们的问题，也要遵守基本准则；最后，同伴直接告诉他们应该怎么做，每个人都要总结自己从这次练习中学到了什么。

情景分析和批判会话都属于社会学习，两者都运用了同样的批判性思考方式——寻找假设，考虑如何检验假设，最后找到看问题的不同角度。两者都受益于参与者给出的不同答案和建议，都需要积极的交流互动，也都不能逾越批判性思维的界限。两种练习的强度明显不同，因为让学生在小组中说出自己面临的问题，让同伴给出对其假设和认识的批判性反馈，显然要承受更大的风险，但后一项强度更大的练习有着严格的基本准则，确保同伴在给出批判性反馈的同时，不会随意评判别人。

如何示范批判性思维？

在学生向我反映的五个话题中，这一个最让我吃惊。初执教职时，我本以为，算不算好老师要看学生有没有注意到我，换句话说，学生有没有忘记我的存在。假如我不用讲授、示范太多，学生就能学会，甚至忽略了我的存在，这是最好的教学方式。直到现在，我仍然相信，很多时候这是最有效的办法，用芬克尔的话说，老师闭口不言，教学才有效（Finkel，2000）。但到了学生学习和实践批判性思维的时候，他们总是希望我们能把过程示范一下。而且，考虑到这个过程的确困难，老师最好先亲身示范怎么找出自己的假设，再让学生去实践。

学生喜欢的示范方法很多。最重要的一点是，我们自身的例子越多，学生就越喜欢。老师早点分享个人经验，可以定下开放的基调，鼓励学生找出自己的假设。从某种程度上说，我在第一章一开始就分享了批判性思维帮助我战胜抑郁症的例子，就是在亲身实践这一点，而我的假设是，早点分享个人经验能吸引你们的注意，提供一个批判性思维的实例，为整本书定下正确的基调，也就是说，在笼统的建议和参考文献之间穿插个人的例子。

根据学生的反映，如果我们能解释我们为什么这么做，也会让他们受益匪浅。在有威胁性的活动中，例如要求学生批判性思考他们那些根深蒂固的假设，要是老师能有个清楚的规划，还能给出这么做的理由，会让学生对活动更有信心。大声说出你为什么要引入某种课堂活动，为什么要改变授课方式，为什么选择某些阅读材料，为什么把学生分到特定的小组，或者为什么要把小组活动改成小型讲座，都会让学生觉得你是个深思熟虑的老师，知道了这一点，学生会对课程更有信心。毕竟，没有学生希望自己的老师毫无先见、理性和经验，想到什么讲什么。当老师要求学生参加一项充满风险的学习活动，比如批判性思维时，这一点尤为重要。

我敢打赌，让你经常分享自己的实践经验，几乎是不可能的。令人惊讶的是，在我多年来收集的一千多份《关键事件调查问卷》中，这一点被反复提及：学生真的很希望知道老师为什么那么做。据学生们反映，这既能帮助他们学会要学的东西，又让他们觉得，自己的向导值得信赖。了解医生为什么让我们服用某种药物，能让我们相信医生真的把我们的利益放在心上，而且他知道自己在做什么；了解汽修工为什么让我们更换某个零件，能让我们相信自己没有被蒙骗。对老师而言也是如此，要让学生相信我们的能力，就得让学生了解、相信我们的行为和选择背后的理由。

讨论过两种常见的示范方法——分享个人的实例以及解释行为背后的理由后，我们来回顾一下多年来学生们选出的有用的具体实例，这些实例或是展示了如何发现和检验假设，或是说明了如何从多角度看待知识和技能。

用不同的语气

这项活动是为了向学生展示，同样的想法、事实、技能和内容可以用不同的方式诠释。在教室里贴上不同的标识，每个标识对应一个你希望考虑的视角，例如，如果我要讲批判性思维的思想渊源，我会贴上五个标识，分别代表分析哲学与逻辑学、自然科学、实用主义、心理分析与心理治疗以及批判理论。活动开始时，你站在教室的正中间，按照一般的理解来回顾这些内容。如果是我，我可能会把教学大纲里给出的批判性思维的定义再说一遍，分析一下圣托马斯大学的宗旨怎么体现了批判性思维。

接着，你走到第一个标识前，假设自己只会按照那个框架思考，向学生解释相关内容。所以，如果走到分析哲学的标识前，我就会把批判性思维解释成一个评价论证、辨别逻辑谬误的工具。然后，你走到第二个标识前，只从这个角度给出你对相关内容的理解，就像我会走到自然科学的标识前，把批判性思维解释成一个提出假设、检验假设、运用可证伪原则的过程。有时候，当我走到不同的标识前，我会戴上不同的帽子——在第一个标识前戴上明尼苏达双城队的帽子，在第二个标识前戴上绿湾包装工队的，到了第三个标识前再戴上洛杉矶湖人队的，等等。根据学生们的反馈，简单的空间差异——在不同的标识前，使用不同理论的专用术语——能帮学生体会到，同样的材料可以从不同的视角分析。

另外，还可以对这项练习稍加改动，当你讲完相关内容后，可以让学生就每个标识所代表的主题进行提问，而你可以从不同的角度回答。例如，走到两个或三个标识前，从每个标识所代表的视角回答。最后，经过几次这样的练习之后，还可以再增加难度。把全班分成小组，要求不同的小组站在不同的标识前，你就材料提出一个问题，让几个小组进行几分钟的头脑风暴，思考怎么从各自的标识所代表的角度回答你的问题。练习结束时，要求每个小组总结各自的答案。

制定假设清单

在这项练习中，你要养成在全班学生面前停止授课、制定一个假设清单的习惯。简单来说，就是总结一下你正在讲的材料里出现的最重要的假设。这个方法几乎适用于任何科目和主题，包括：

- 说明你所讲的数学问题和解法背后的推导过程。
- 解释你是如何设计一项实验来测量速度的。
- 描述你是如何看出一首诗里某些类比手法的意思的。
- 总结你在一系列历史事件中发现的因果关系。
- 说明如何将课堂上学习到的技能用于现实生活中。

- 解释你为什么选择某个理论来解释一种特定的现象。

总结的流程如下：授课过程中适当的时候停下来，总结所讲材料中出现的主要假设，区分显性假设和隐性假设，然后列出影响你的论证的范式型假设、规范型假设和因果型假设。针对每个假设，尽力给出最有说服力的例子，辨别假设中任何可疑的地方，这可能说明，某些假设的证据不那么可靠，或者某些假设没有得到恰当的检验和拷问。还要解释哪些假设是最近的，哪些没有改变过，哪些你更确信或不那么确信。

正反方示范

只有团队教学时，才能进行这项活动。基本上，至少需要两名老师，在全班同学面前，从不同的视角分析同一个观点，剖析同一内容。通常，每年我有两门团队教学的课程，而正反方示范被学生评为最有趣的课堂活动之一。在这项活动中，学生可以看到老师们如何示范礼貌地保留分歧以及批判地分析他人的立场。要是让学生在小组讨论时也这样做，会让他们受益匪浅。

正反方示范时，有必要向学生演示某些互动方式。其中最重要的一点，可能就是展示如何礼貌地提问，只要求对方举出证据，而不掺杂个人的评判在内，例如“多讲一点……的情况，好吗?”“你为什么认为情况是那样呢?”“关于那个观点，最有说服力的证据是什么?”“你是怎么回应史密斯与你的立场相左的观点的?”也有一些问题有助于说明情况，例如“如果我没理解错的话，你是说……”或者“我能确认一下自己有没有理解你的论点吗?”

通过正反方示范，你可以向学生展示，你是在综合或者拓深其他老师的观点，反过来又让学生明白认真聆听的重要性。你可以力求全面、清楚地回答其他老师提出的问题，也可以承认自己不知道，或者需要一点时间理清思路。当你不同意其他老师的分析，抑或对内容有不同的理解时，你可以说：“我有不同的观点，理由如下”或者“我的方法跟你的侧重点不同，我的分析方法是这样的”。根据学生在问卷中的反馈，看到两位老师就一件事当众产生分歧，是学生觉得最有趣的时候，能立即吸引他们的注意，让他们受到鼓舞。

故意唱反调

这是正反方示范的独角版，也就是，提一些与自己的论断相反的观点，这也是授课的一部分。比较戏剧化的方式是，先站在教室的某个位置，阐明自己的立场，然后来到另一个位置，看着你刚才站的地方，假设自己是在跟刚才站在那里的人（你自己）说话，回应一开始的观点。可以是有意提出一个不同的观点，也可以用不同的研究方法或理论框架来分析刚开始提出的观点。总之，你是故意在跟自己一开始的立场唱反调。

通过故意唱反调的方式，你可以从不同的视角分析一开始的观点，也可以对它提出质疑，比如，你可以说：“但是，如果从另一个角度来看，可以看出……”或者“这个观点还有一种完全不同的解释，会让它的核心假设受到质疑”。通过提出反面或反驳的观点，来示范批判性分析，本质就是运用第二章介绍的可证伪原则。采用这种方法的时候，你可以对着假想的另一个自我说：“斯蒂芬，你忽略了……这一点”或者“斯蒂芬，如果你的观点是……显然还有不同的论证方法”。

使用《关键事件调查问卷》

本章一开始，我就介绍了《关键事件调查问卷》，如果不知道它是什么，不妨回过头去看一下。每次向学生提供上一周的问卷反馈时，其实都是在给他们示范批判性思维。每周向学生反馈时，我都会跟他们说，这也是在把批判性思维用在教学中，因为我是在用学生的看法来检验影响我的教学的假设。汇报学生对上周课堂的反馈时，我也是在当众反思我安排这些活动时背后所做的假设。我讨论了左右我设计的课堂任务及我在课堂上所做的具体决定的假设，我一直跟学生们说，我是在亲身示范批判性思维——在课堂上回顾学生不同的反馈，从而当众检验我作为老师做出的假设。

如果问卷反馈没有让我发现什么惊讶的地方，大部分学生对课堂很满意，调查问卷仍不失其宝贵价值，因为我可以借此进行确证性批判思维。所谓“确证性批判思维”是指，我们对自己本能相信的假设进行检验，结果发现，这些假设的确值得奉行。《关键事件调查问卷》既是确证性的，又是质疑性的，不论如何，总能说明为什么我们的习惯性假设如此根深蒂固。了解批判性思维有可能是确证性的，有时能让我们更坚定自己已经持有的假设，这让学生感到些许宽慰。如果以为批判性思维只会迫使他们改变自己原来相信的一切，很多学生可能就不愿意参加这样的活动了。

课程总结和问题讨论

经常有人告诉教师们一条金科玉律——最有效的讲课方式是“把需要讲的讲给学生，讲完一遍，再复习一遍”，问题是，这样就把知识商品化了，变成了一堆包装精美的事实和概念，不利于学生对知识的探索，尤其是不利于培养将不同的学科和领域相互联系的能力。更让人担忧的是，在课上最后总结所讲的内容，似乎给人一种明确终结的感觉，仿佛给这门课盖棺定论了。

我认为，好的教师在课程结束时，要指出这门课对学生提出的所有新问题，指出在这门课开始时提出的问题哪些还没有得到解决，哪些仍然存在争议。这样，学生自己在讨论时，最后也会指出讨论中出现的问题，而不是总结“在今天的讨论中学到了什么”。如果可能的话，每节课最后十分钟，让学生把对课程的疑问写下来，和别的同学分享。可以让学生把自己的问题念给全班同学听，也可以让他们在两三人的小组里相互分享。如果学生把问题写了下来，可以交给老师，由老师随机在课堂上念出来。鉴于手持设备在课堂上越来越普及，学生可以匿名把问题发送到电子白板上，供大家重温。

即使上述方法都无法实施，你也可以自己列出这门课对你提出的新问题，记下讲课过程中出现的所有遗漏、伦理困境和矛盾。在这里，我想提醒你的是，刚开始，学生可能无法接受这种做法。在《关键事件调查问卷》中，他们会流露出沮丧之情，因为这门课最后没能明确地总结要点。他们会觉得你最后竟以疑问和提出问题结束，十分让人不解，就好像突然找不到重心在哪里了。但随着时间的推移，你反复向他们解释，这么做是向他们示范批判性思维的最佳方式，学生的沮丧感会渐渐消失。

具体经验

要让某人心惊胆战，最保险的方式是让他们告诉你他们的假设是什么。即使对我们当中最自信的人来说，这个问题也会让人望而生畏。首先，通常我们并不知道自己的假设是什么；其次，很难定义假设是由什么构成的。所以，对这个问题的回答，往往是脑海里的第一反应，通常是一句陈词滥调，抑或是自认为该说的话。举例来说，如果有人问我，孩子小时候，我对养儿之道的假设是什么，我可能会回答说："始终如一""让孩子知道你爱他们"或者"尽力支持他们"，等等。但在我看来，第一条和最后一条都是错的。首先，我反复无常，常会视情况调整自己的"养儿之道"；其次，有时候，我很可能认为孩子想做的事——比如吃比萨——是错的，尽管我的孩子吃软不吃硬，而且我不记得曾发生过这种事，但的确可能出现这种情况。

当别人要求我们思索很具体的经验时，我们常常会更清楚自己的假设是什么。例如，问问大多数老师，他们对好老师的假设是什么，你听到的答案往往就是他们的老师所教的，或者他们在专业文献中所读到的，而且他们的回答会十分笼统。相反，如果问他们上个月的哪一天他们觉得自己的课上得最好，或者哪一天他们最失落、最想放弃，他们的答案却会很具体。当你听他们讲为什么是那一天，或者那一天的什么事让他们觉得很满足或者很失落，你会听到大量的细节，涉及的人、事件的动态等。比起直接问"你的假设是什么?"，这些具体的细节更能让你了解一个人的假设。

因此，当学生描述哪些课堂活动让他们受益最深的时候，他们通常会选择情景分析、案例研究、特定的实验、模拟和具体的文本。比起笼统地讨论工程学的最佳学习方式或者合理的艺术史批评，具体的活动和经验更能让学生认清自己的假设。所以，要想让学生学会批判性思考，就得把它和具体的活动联系起来，询问他们是如何完成这些任务的；解释实验结果的时候，他们忽略了哪些步骤；证实某个假说时，他们觉得哪个证据最有说服力，其他证据为什么没有说服力，为什么某个理论能更好地解释一系列特定的事件。比起笼统地讨论，让学生把精力放在特定选择背后的理由上，往往能让批判性思维的讨论更富成效。

困境迷惑

"困境迷惑"一词是杰克·马济洛在其有关转化式学习的开创性著作（Mezirow，1991）中提出的，是指意外发生的情况迫使人们改变自己想当然的看法。马济洛的著作时常关注一些迫使我们重新思考的意外情况，例如，当你勤奋地工作了多年却被炒了鱿鱼时，你很快会重新思考到底什么是员工忠诚；当你的伴侣离你而去时，你会重新思考如何维持健康稳定的关系；当你的亲人去世或得知自己有生命危险时，你会大幅调整优先考虑的事项。困境迷惑虽然常使人承受巨大的痛苦，但有时也会让人感到快乐，例如，当你意外地坠入爱河或有了第一个孩子时，你会重新思考人生中哪些事才是重要的。

转化式学习的相关研究结果（Mezirow & Taylor，2009）表明，困境迷惑是导致人们重新思考自己的意义图示和意义视角，换言之，改变人们对生活中的局部事件和大问题的观点的主要原因，而批判性思维也是如此，如果你相信学生的反馈的话。学生们一再强调，一些让人手足无措的事情，会迫使他们改变对这件事情的看法，所以那些令人紧张不安的课堂让他们记忆最深刻、反响最强烈。

不同的领域、学科和话题面临着不同的困境迷惑，但它们有一个共性——出人意料。当化学家设计实验时，会预先假设他的假想能否得到证实，当结果与其假设截然相反时，就出现了困境迷惑；当英语专业的学生确信自己正确解读了某篇文章，却读到了迥然不同的分析时，情况也是一样；当学生以为对某个案例研究轻车熟路，却发现结果完全出人意料时，也会出现困境迷惑。我的一位同事曾在课堂上要求学生评价一篇备受推崇的文章，学生给出一致的好评后，他轻而易举地驳倒了文章中的观点，这当然是尽早唤醒学生的一个办法！还有一位教种族主义课程的同事，她躺在教室门口，学生只有从她身上跨过去，才能进入教室。对于很多学生来说，当老师坦承自己犯了错误时，他们就会陷入困境迷惑。看到老师们意见不一，也会让那些将老师奉为知识的向导的学生感到不安。

设计困境迷惑的难点在于，既要让学生感到足够的不安，逼迫他们走出自己的舒适圈，又不能让学生过于不适，以免他们全力逃避。一个好的方法是，主动向学生展示自己是如何应对相似的困境的。在这一方面，《关键事件调查问卷》和其他的很多工具一样，让我受益匪浅。有时，看到学生在问卷中对我提出完全出乎意料的严正批评，我就知道自己的教学效果还不错，我也会同学生分享，谈谈这些让人迷失方向的反馈对我和我的教学的影响。有时，在上课前，我也会要求别的老师在课堂中间提问一些最出人意料、最难回答的问题，这样能让学生看到，在同事质疑我的思维惯性的时候，我也是在勉力应对。

循序渐进

学生的最后一点反馈与批判性思维的学习过程有关。基本上，如果课程开始前先进行没有威胁和风险的练习，似乎不同学科的学生都会反响强烈，因为练习并不会涉及学生自己的推理和选择。接着，随着时间的推移，慢慢向直接分析学生自己的思维和行为靠近。最后，当课程结束的时候，学生则直接分析他们自己的想法和推理方法。与我刚开始执教时的假设相反，在批判性思维的课程中，一开始分析学生的推理和经验，并不是一个好方法，因为这过于直接，风险太大，会让学生望而生畏。

批判性思维课程的起步阶段应具备两个特点：(1) 尽量用专业词

汇清楚、反复地说明什么是批判性思维。为此，本书第一章中，我就说明了批判性思维就是通过多角度思考来寻找和检验假设，学生希望能看到更多的例子，好知道怎么在具体的情况下运用批判性思维。(2) 学生们反复强调，老师尽早向学生展示自己的亲身经历，也会让他们受益匪浅。这一阶段需要老师的大力支持——提供批判性思维的示范、方法和例子，帮助学生开始自己的批判性思维活动。

第二阶段中，学生要运用批判性思维解决该学科的问题。老师给学生一些该学科的实验、定理、文本、论证、案例研究或概念，要求学生对它们进行批判分析。实验的设计者最重视的证据是什么？提出可检验的假想时，他们对所研究的现象的本质做了什么假设？理论家是如何得出结论的？文本的作者用了哪种推理方法（归纳、演绎、证伪、类比，等等）？如何在具体的案例中寻找假设？

一旦学生能批判地分析其他人（通常是该学科有名望的学者）提供的材料，就离课程的最后一步——学生分析自己的经验不远了。这时，不要急着让学生批判分析专家们的推理过程，而要让学生试着自己去推理。不妨要求学生摆出其数学证明背后的推理链，说明他们对实验设计的可靠性和合理性所做的假设，抑或给出他们认为《圣经》的某种解读更准确的理由。不论采用哪种方法，重点是让学生试着自己去推理，而不是让他们驳倒专家学者的推理。

小　结

在本章中，我试着运用第二章介绍的批判性思维的一个思想渊源——美国的实用主义——来理解如何教授批判性思维。诚如实用主义将经验视为分析的重点，我也提出，批判性思维的教学重点在于理解学生的学习经验。我们了解到，多角度的小组学习方法最有效；老师最好在一开始就向学生展示自己的亲身经历；如果能把批判性思维应用到具体活动中，学生会学到更多；困境迷惑是激发批判性思维的主要原因。现在，我们明白了循序渐进的课程安排效果最好，一开始先学习基本的方法，将这些方法运用到其他人的材料中，随着时间的推移，再逐渐直接分析学生的思维和行为。下一章，我们将着眼于第一步，介绍一些入门的练习和方法。

读书笔记

第四章　批判性思维的初级训练方案

上一章结尾说到，学生认为学习批判性思维最好的方法就是循序渐进。先让学生掌握批判性思维的基本方法，再慢慢地应用到推理和行动中去，批判性思维的效果才最好。因此，本章将介绍一些最基本的方法。但在此之前，请允许我先谈一个棘手的问题，那就是究竟应该在何时将批判性思维活动引入教学计划中。什么时候打破学生的惯性思维，让他们开始怀疑自己的假设，从不同视角看问题，一切都要视情况而定。虽然世间没有一劳永逸的方法，但我可以拍着胸脯说，入门时的教师示范会让学生受益匪浅。

介绍批判性思维：时机至关重要

那么，到底我们应该在什么时候让批判性思维成为学生的主要关注点呢？对于这个问题有两派观点，且两派都有理有据，下面将简要论述这两派观点。

第一派认为，尽管在理想的情况下，批判性思维可以适用于所有学习行为，但事实上并非如此。在你批判性思考某件事之前，需要对“这件事”做足研究，只有这样，当你开始批判性思考它时，才能获取足够的信息和理解。这正是彼得斯所谓的内容规范，既包括一个学科的内容（每个人都需要了解的信息），也包括一个学科的认知（判断学科知识是否合理的程序和标准）。

他们认为在掌握这种规范之前，期望学生能够批判性思考学科内容是不现实的。因此，大部分旨在培养学生批判性思维的课程都开始于信息传递，让学生吸收消化该学科的基本内容，学会判断合理的知识。这就是为什么大多数入门课程都是调查型的，旨在为学生提供一幅课程的框架图，帮助他们了解这门课涵盖的知识和技能。只有学会如何阅读这张框架图之后，才能开始真正的批判性思维练习。

另一派则认为，将批判性思维纳入入门课程中是有可能的。举个例子，保罗·弗莱雷的追随者们指出，保罗提出的学习方法可以让农民在学习阅读和写作的同时，认清其社区中的权力动态，开始警惕自身受到的压迫。艾拉·肖尔（Ira Shor，1987）就主张借助学生的日常经历来教批判性思维，他通过分析学生们在大学自助餐厅吃的汉堡，帮助他们了解了垄断资本主义的运作方式。在许多新生导向课程中，也有机会可以让学生进行基本的批判性思考，说明他们对大学生活所做的一堆假设——加入兄弟会有多重要，老师对他们有什么期望，每周花多长时间做家庭作业比较实际，等等。

这一派观点还认为，即使在更传统的、内容较多的学科中，也可以从一开始就引入批判性思维的元素。举几个例子，学生学习一种新语言的基础知识时，首先学的是词形变化，包括阳性名词和阴性名词的变格和词尾变化，这些知识明显与人类社会的结构有关，反映了文化的内在动力，很容易融会贯通；在设计基础的科学实验时，很容易让学生明白他们采用的方法反映了科学界对真知所做的假设；在指导实习护士如何注射时，通常也会说明对这种注射方式的假设。

在我看来，某种程度上，将批判性思维纳入教学过程是可行的，即便只是一带而过。通过解释第一节课的课程安排、第一次作业的构成或课程大纲的特殊安排，你可以让学生明白你的教学活动也是根据你对最佳教学方法的假设而进行的。对我而言，问题不是能不能把批判性思维纳入基本课程中，而是能在多大程度上纳入。

我认为，在课堂上，某些时候的批判性思考——从不同角度分析材料，发现和检验假设，尤其重要，包括：

● 把技能或知识应用于现实生活时：学生必须知道如何把课堂上学到的抽象知识或一般技能应用于现实生活。为做到这一点，学生要知道奉行哪些假设、寻找哪些线索以及重视哪条证据。

● 需要独立判断时：学生需要研究和分析复杂的理论问题、概念或大量相互矛盾的数据，从而判断出最准确的解释或最恰当的行为。鉴于大多数毕业生的工作都有这种要求，所以大学生必须要具备这种能力，将来也好谋生。

● 存在多种解释和观点时：学生面对一堆数据、文本或情况，这时，最重要的是明白可以从多种不同的角度来认识它们。

● 需要采取行动和做出决定时：学生需要解释他们的行为背后的理由，重建他们的推理链，从而找到特定的证据，得出符合实际的结论，最后做出明智的行动。

● 需要快速做出判断时：这种情况多出现在模拟实际工作的课程中，要求学生（如工程专业或社会服务专业的学生）在缺少相关数据的情况下快速做出判断。

● 鼓励学生将自己视为知识创造者时：如果课程目标是鼓励学生承担创造新知识或进行新研究的责任，那么当学生设计实验、解读文本或提出干预手段时，必须清楚这些行为是基于什么样的假设。

设计批判性思维的案例

当学生刚刚进入一个新的学科领域，第一次进行批判性思考时，最重要的是，教师们要尽可能地设计最好的案例，帮助学生认识批判性思维的重要性，从而为学生打好基础。即使教学经验丰富的教师也会犯的一个大错就是，他们会假设，既然自己对这门课十分感兴趣，明显看到了这门课对学生的意义，那么学生同样也会感到兴奋和期待。所以，一般情况下，应尽早设计最好的案例，帮助学生认识特定的课程和学习活动的意义。

为学生设计批判性思维案例的方法有很多种，我将在第七章中详细介绍，本节中，暂且先介绍以下几种方法：

● 借助抵触者：学期初，邀请曾经上过这门课并且一开始比较抵触的学生到课堂上，与新生分享他们是如何发现课程的内容对自己的意义的，为什么不再抵触批判性思维反而看到了它的重要性，如何在这门课上坚持到最后。这些学生一两句认可的话，远比你能想出的最激情澎湃、精雕细琢的说辞有价值得多。

● 真实案例研究：借助视频片段、学习期刊、YouTube 视频或者一些电视或电影中应用批判性思维的场景，让学生相信学习批判性思维的重要性。

● 模拟：如果学生在课程一开始就进行了模拟，并且能够通过模拟，认识到成功的唯一方法就是质疑假设或者多角度看问题，那么就很有希望说服他们试着去培养自己的批判性思维。

● 教师示范：老师们在要求学生批判性思考之前，自己应该先做示范，这一点怎么强调都不为过。如果学生看到老师在他们面前寻找和检验自己的假设，或者从尽可能多的角度去理解和分析材料，告诉他们作为本学科的从业者，批判性思维是如何令自己获益，那么当老师再要求学生批判性思考某一话题或课题时，就很有希望消除他们的一些疑虑。

● 奖励机制：就算是经验丰富的教师也会犯的另一个错误是，告诉学生哪些标准很重要，可之后出台的奖励机制却与这些标准毫无关系。举个例子，很多老师说他们想通过讨论，让学生积极地参与到学习中去，但之后却只根据期中和期末论文给学生打分。所以说，如果培养学生的批判性思维能力是课程的一个重要目标，那么就应该通过多种方式去评价学生这方面的能力，并给他们相应的分数。然而不幸的是，尽管我们希望学生发自内心地热爱学习，但高等教育（诚如其他行业）已经被商业化了，许多学生只重视有利于提高成绩的事。

所以，如果要针对讨论的参与性打分，学生需要明白，最好的参与莫过于找出一个假设，提出一个不同的检验假设的方法或是发现解读材料的一个新视角，等等。每个课堂任务中，都要进行某种批判总结，要求学生总结完成任务的过程中所质疑和肯定的假设，或者记下他们想出的分析材料的新观点，第七章将详细介绍这一点。

对老师的假设清单进行投票

对老师汇总的假设清单进行投票也是一项有效的入门练习，上一章探讨教师示范时，也提到了这一方法。基本上，假设清单是指教师抛开所讲的材料，转而说明自己在设计实验、列举证据和提供建议的时候所做的假设，强烈建议老师们从第一天上课起就这样做。

在这项练习的基础上，还有几种不错的延伸练习，可以帮助学生掌握批判性思维的基本方法。一个方法是，把你的清单公布给学生，告诉他们刚刚找出的一个重要假设实际上是错误的，未经数据证实，要求学生选出这个错误的假设。如果是在一个大礼堂上课，学生手里有表决器，就很容易完成，要是换成举手表决，就麻烦多了。如果想进一步延伸这种方法，可以把选择同一个假设的学生分到同一个小组，给每个组三至四分钟的时间，相互交流彼此选择的理由，然后集合学生，让每个小组说出自己选择的理由。

另一个方法稍显复杂，给学生三四个假设或三四条影响了你的证据，要求他们选出你最重视、考虑最认真的一条假设或证据。这时，学生必须试着搞清楚你的想法，回顾你刚才分析的材料，判断你给出的每个假设或证据的相对优点。和刚才的假设清单练习一样，可以根据学生的选择把他们分成小组，让他们通过头脑风暴，思考你相信这个假设或证据的原因。

使用表决器和手持设备

作为教学工具，表决器和其他手持设备（iPad、Android、手机、掌上电脑），在高等教育的教室里越来越普及，不再只是学生的通信设备。不要再把这些设备当成影响学习的干扰因素，认为它们阻碍学生学习我们认为真正有价值的内容，我们要直接利用这些设备，为我们的教学服务。随着科技的发展，我们有理由相信，迟早有一天手持设备将会变得和笔一样重要。有了手持设备，学生轻轻按一下键就可以获取信息，同时也方便我们尽早把批判性思维的元素引入课堂。

在对利用表决器的大学教师的采访中，布拉夫（Bruff，2009）留意到，我们应该把这些设备当成促进批判性讨论的工具，而不是把它们当成影响学习的因素，例如：

- 一位心理学教授要求学生投票选出文章结构的质量是高、中还是低，他让学生使用投票器投票，以此激励课堂讨论，然后要求学生再次投票。
- 一位化学教授设计了以询问原因为主的问题，要求学生投票选择分子反应速度随着反应温度的升高而加快的原因。
- 一名制药学老师要求学生从不同的治疗方案中进行选择，投票选择最佳的胰岛素治疗方案，来治疗刚刚诊断出的 1 型糖尿病患者。

● 一名人类学教授要求学生给出“文明”这一术语的定义，他自己给出了一两个定义，要求学生投票选择最佳的定义（Bruff，2009，pp. 89 - 93）。

上述例子的重点不是投票选择，而是投票之后的讨论，探讨学生做出选择的原因。使用表决器投票只是一种鼓励学生参与的方式，要求他们从多个可能的选项中做出最佳选择，而批判性分析则出现在后续的讨论中，即讨论学生做出选择、发现关键证据的原因，或者他们认为某个特定观点比其他观点更具说服力的理由。

随着手持设备逐渐变得像圆珠笔一样便宜，我们有理由相信，这类讨论不仅可以通过口头进行，还可以在教室电子白板上进行。学生对上述问题进行投票后，老师可以把投票结果投影在屏幕上，让学生直接将自己做出选择的理由写在手持设备上，这些反馈会直接投影出来，让整个班级都能看到。这样，老师可以更方便地评价这些反馈，指出推理中的错误、错误的推断和不合理的结论，等等，而不会让学生感到受辱。白板上的反馈是匿名的，没有人会成为老师批评的对象，而感觉被当众羞辱。

手持设备也有助于了解整个班级的想法。过去，老师只能依靠课堂讨论或课堂提问，来评估学生批判性思考某一问题的能力，这些评估方法难免会偏向那些信心满满地参与讨论和提问的学生，这就意味着需要等到学生提交课堂作业之后，才能对整个班级的学习状况有所了解，而如今，这些设备为老师提供了一种快速评估所有学生思维能力的方法。

进行情景分析

情景分析是批判性思维的基本方法中适应性最强的。通过这种方法，将计划讲授的材料编写成一个虚构的情景，情景中的一个人物面临着选择，要求学生站在这个人物的立场，试着找出他可能持有的假设，给他提一些检验假设的建议，指出解读这个情景的不同视角。这些情景一般都很简短，只有两段至一页，因为简短，所以可以适用于所有教学阶段。

这项练习几乎适用于所有的学科和内容，只需把它们编写成一个虚构的情景，虚构的人物需要判断该如何正确地认识某项知识、培养某种能力。例如在你编写的情景中：

- 一名化学家要研究某种化学反应的因果关系，他设计了一个实验，来检验一个他认为合理的假设。要求阅读案例后，由学生分析这名化学家的假设背后的原因，鼓励学生提出一个不同的假设。

- 一名数学家要完成一个证明，他利用学生所熟悉的数学定理列了一个等式。要求学生阅读案例后，分析这名数学家选择这一定理的原因，鼓励学生列出一个不同的等式。

- 一名心理学家要研究一个有学习困难的孩子，他的结论是孩子患有自闭症。然后，要求学生阅读案例，找出这名心理学家的诊断背后存在的假设，为他提供检验假设的方法，并根据案例中的信息，给出不同的诊断结果。

● 一名气候学家要研究温室气体的排放情况，他在对冰山运动记录的基础上，得出全球变暖是一个骗局（或真正的威胁）的结论。要求学生阅读案例后，找出该气候学家认为最重要的证据，根据案例中的信息，给出不同的气候变暖的结论。

● 在人员不足的急诊室里，有一名分诊护士，他要根据收集到的患者信息，判断患者病情的严重程度。要求学生找出对该护士的判断影响最大的信息，根据案例中的信息，给出不同的判断结果。

为了介绍情景分析练习，下面我将举出我曾用过的三个例子：第一个例子来自给不同学科的学生举办的一次批判性思维讲座，第二个例子来自一次培训师培训课程，第三个则是我在领导力培训课上用过的一个例子，借鉴了本书中多次提到的一个课堂事件。三个例子的基本形式是相同的：情景中的虚构人物需要采取行动。要求学生针对人物的行动提三个问题：

1. 情景中的人物持有什么假设（包括显性假设和隐性假设）？尽可能多列举一些。

2. 在你列出的假设中，哪一个假设是该人物通过简单的调查就能检验的？怎么检验？

3. 给出一个不同视角的解读，要符合情景中所描述的事件，但与该人物的解读不同。

这三个问题的重点是发现和检验假设，尽可能提出更多不同的角度，给虚构的人物提供建议——这是我有意为之的，我希望这三个问题关注的是研究和调查，而不是直接提供解决方案。情景分析的目的是告诉学生，建议好坏取决于他们寻找问题背后的假设的能力。批判性思维的终极目的是行动，但只有认清了实际情况，才可能做出明智的行动。

示例 4.1、4.2 和 4.3 的每个案例后面，都列出了学生们的答案。

示例 4.1 情景分析练习：绿色的田野

约翰和玛丽是一对拥有大学学历的夫妇，他们有一个年幼的女儿。夫妻二人已经决定从洛杉矶搬到圣费尔南多谷了。届时，他们仍会继续城里的工作，不过他们认为，强迫女儿生活在洛杉矶，不能让她享受高质量的生活。最近，约翰觉得家里的每个人都开始感受到城市的压力。他告诉玛丽，他俩之间的争吵越来越多了，他发现女儿开始尿床了，此外，以前周末的休闲时光，现在大都花在出城的高速路上了。

特别是，约翰觉得称职的父母不应该让女儿在一个危险又肮脏的城市里成长，让女儿在资金不足的公立学校读书，教育质量也不行。他认为，圣费尔南多谷郊区的生活更加自然，那里的房间更大，他们可以有个自己的院子，女儿能在家附近玩耍，而且房价更低，这就意味着他们能付得起女儿在当地上私立学校的费用。

约翰相信，无论是从周围环境来看还是就个人而言，搬到圣费尔南多谷都能够提升他们的生活质量。远离城市的压力可以让他们过上安定温馨的生活。玛丽也同意了他的计划。

任务说明

请独立思考下列三个问题。思考完毕后，与其他三四个人讨论各自的答案：

1. 你认为在这个情景中，约翰的行为是出于什么样的假设，显性假设还是隐性假设？显性假设是他已经意识到的假设，而隐性假设是对他有影响而他却没有察觉的假设。尽可能多地列出这两类假设。

2. 在你列出的假设中，哪个假设是约翰可以通过简单的研究来检验的？怎么检验？

3. 给出一个不同视角的情景解读，要符合情景中描述的事实，但是与约翰的解读不同。

学生指出的典型假设

1. 住在圣费尔南多谷可以提升他们的生活质量。(显性假设)

2. 每天往返城市不是问题。(显性假设)

3. 圣费尔南多谷的居住区更安全。(显性假设)

4. 公立学校的教育不如私立学校。(显性假设)

5. 女儿尿床是城市压力所致，搬到圣费尔南多谷就可以解决。(显性假设)

6. 夫妻吵架是城市压力所致，搬到圣费尔南多谷就可以解决。(显性假设)

7. 玛丽应该支持约翰的想法和决定。(隐性假设)

8. 如果约翰高兴，全家都会高兴。(隐性假设)

9. 家庭经济状况会随着搬家而有所改善。(隐性假设)

10. 约翰的分析是正确的，因此应该赞同。(隐性假设)

每组学生向全班公布本组的答案之后，老师要加大难度，让学生试着分辨哪些假设是范式型，哪些是规范型，哪些是因果型。在上述例子中，第 2、5、6、9 条假设是因果型；第 7 和 10 条假设是规范型；而第 1、3、4 条假设是范式型。最有趣的是第 8 条假设，它既可以是因果型，也可以是规范型，还可以是范式型！

检验这些假设的方法

1. 约翰应该与玛丽和女儿谈谈他们在洛杉矶的生活，聊聊现在的生活方式，问问她们最喜欢什么、不喜欢什么。（追本溯源）

2. 找一对同样有年幼女儿、同样也搬了家的夫妇，问问搬家对他们女儿的生活产生了什么影响。（前车之鉴）

3. 把他们在洛杉矶的公寓转租出去，在圣费尔南多谷租个房子，试住一年看看怎么样。（试验）

4. 计算搬家的成本，包括私立学校的学费和煤气费，等等。（成本效益分析）

5. 检查家庭预算，看看哪些方面可以省钱。（成本效益分析）

6. 调查除了周末出城之外的其他休闲方式。（实地调查）

7. 向相关顾问咨询他们的婚姻状况，或许争吵与城市压力无关。（寻医问路）

8. 向儿科医生或心理学家咨询尿床症状，或许尿床也与城市压力无关。（寻医问路）

不同视角的情景解读

1. 约翰和玛丽之间缺乏沟通才是真正的问题，争吵是由约翰控制家庭生活的欲望所导致的，而不是城市压力。

2. 搬到圣费尔南多谷会增加所有家庭成员的压力，往返交通是个大问题，会让他们更加疲惫和沮丧。

3. 上私立学校带来的压力会让尿床问题恶化，另外，私立学校和南加州的公立学校有很大的不同。

4. 女儿尿床与城市生活完全无关，需要去看看儿科医生。

示例 4.2　情景分析练习：反馈

艾琳是人际关系技巧培训班的讲师，她的学生杰弗里让她头疼不已。杰弗里是一名个人能力很强的管理者，但却无法让手下的员工团队协作超过六个月。在她看来，杰弗里需要把自己看作是员工团队的一员。艾琳注意到，在过去的三次课上，杰弗里经常有以下几个行为：总是迟到，却从不道歉，而且经常早退；上课时，他会满脸不耐烦地瘫坐在椅子上，基本不发言；艾琳讲课时，他会时不时地查看电子邮件，而且总是在发短信；他问的问题让艾琳觉得自己受到了挑衅，那些问题要么是在挑战艾琳的知识储备，要么是在质疑艾琳的解释。在艾琳看来，杰弗里的这些行为就是傲慢和充满敌意的表现，所以他必定无法带领团队。

艾琳决定给杰弗里写一封书面警告信，指出他的不配合行为对团队造成的负面影响，说明她对杰弗里处事方式的担忧。在这封信中，她挑选了杰弗里最令她不悦的几个具体行为，即看电子邮件、发短信、不耐烦、消极参与、从不善意地提问以及迟到早退，指出了这些行为的负面影响。她要求杰弗里在接下来的两次课上不要再这样做，假如他能够避免这些行为，在团队中的权力和威望就能够有所提升。

任务说明

请独立思考下列三个问题。思考完毕后，与其他三四个人讨论各自的答案：

1. 你认为在这个情景中，艾琳的行为是出于什么样的假设，显性假设还是隐性假设？尽可能多地列出一些。

2. 在你列出的假设中，哪个假设是艾琳可以通过简单的研究来检验的？怎么检验？

3. 给出一个不同视角的情景解读，符合情景中描述的事实，但与艾琳的解读不同。

学生指出的典型假设

1. 杰弗里的行为是故意的，就是想表现出对艾琳的不尊重。

2. 杰弗里无法长时间凝聚团队，是因为他缺乏沟通技巧。

3. 团队中的其他人也很讨厌杰弗里的这些行为。

4. 杰弗里这些行为会阻碍他的领导事业。

5. 艾琳为大家创造了许多机会，而杰弗里却视而不见。

6. 同学们都知道培训班的作用。

7. 艾琳对杰弗里的行为分析得十分透彻。

8. 书面警告是对不配合行为的最好应对措施。

9. 杰弗里是因为对培训班不感兴趣才迟到的。

10. 杰弗里早退是因为课程对他毫无用处。

11. 杰弗里提问只是为了质疑艾琳的权威。

12. 杰弗里发短信的时候，他没在听讲。

13. 其他学员没有杰弗里那样明显的问题。

14. 杰弗里使用笔记本电脑的时候，是在做与课程无关的事。

检验这些假设的方法

1. 询问小组成员（通过匿名的和私下的数据收集方法），他们觉得这个小组怎么样，存在哪些问题。

2. 跟杰弗里谈谈艾琳对他的行为的看法，询问他对课堂的看法。

3. 询问杰弗里的上级，为什么他的团队不能长久。

4. 询问杰弗里曾经的团队成员，他们为什么离开以及他们对该团队的看法。

5. 研究公司里最成功的员工的特点。

不同视角的案例解读

1. 杰弗里的行为是腼腆所致，他对课程的冷漠实际上是在掩盖自己的内向。他迟到和早退的时候，之所以不跟艾琳打招呼是不想引起注意。他很少参与讨论，也是因为腼腆。艾琳以为他是觉得课堂乏味，实际上他是存在社交障碍，不愿意跟别人有眼神接触。

2. 艾琳让小组的氛围变得很冷清，不利于参与。

3. 小组成员被迫出勤，他们向杰弗里抱怨，而杰弗里挺身而出，想让艾琳知道她的课很无聊。

4. 杰弗里的工作太出色，公司把他的团队当成了培训基地，成员在三个月后离开，好让新的成员加入，向他学习。

5. 杰弗里的行为代表一种擅长吸收和消化信息的学习方式，他之所以发短信和使用笔记本电脑，实际上是在将课堂内容和自身经验相结合。

6. 杰弗里提问是因为他不理解课堂内容或者很感兴趣，只不过由于腼腆和内向，他提问的方式不太合适。

示例 4.3 情景分析练习：反对种族歧视的基本准则

大卫是一名白人大学老师，他所在的大学里，90%的学生都是欧裔的美国白人。最近几个月，学校发生了多起种族仇恨引起的恶行，十字架被焚毁，犹太学生的联谊会堂被涂上了纳粹的万字符，少数民族学生活动中心的大楼一侧也被喷上了充满种族歧视的标语。为了应对这些事件，学校决定举行反种族主义讲座，对有影响力的学生领袖进行宣传教育，希望参加完这些讲座之后，他们能够率先垂范，预防和阻止这类种族歧视行为的发生。

学校要求老师们自愿去讲课，尽管在这一领域毫无经验，大卫还是想尽一己之力，所以报了名。根据过去的有关种族和种族歧视的原因的讨论，大卫深知，事情很快会引起争议。某些讨论，明明是为了减少种族歧视，实际上却激起了种族歧视，导致少数民族的学生愤而退课。

为保证反种族主义讲座不致使情况恶化，大卫决定为课堂讨论定一条基本准则——当有色人种学生分享自己遇到的种族主义言论和经历时，白人学生不得跟他们说，他们误解了，根本不存在种族歧视。讲座讨论的话题之一是轻微的种族侵犯——白人一些细微的手势、言论和行为，有色人种将其视为种族侵犯，而白人却浑然不觉。大卫之所以这样做，是不想让白人学生阻碍其他学生分享种族歧视的例子，不想让他们坚持说，这些不过是有色人种学生的臆想。他相信，这条基本准则能让课堂只着眼于轻微的种族侵犯。

任务说明

请独立思考下列三个问题。思考完毕后，与其他三四个人讨论各自的答案：

1. 你认为本案例中大卫做了什么样的显性假设和隐性假设？尽量多列举一些。

2. 在你列举出的假设中，哪些是大卫通过简单的调查研究就能检验的？他该怎么检验？

3. 从另一个角度解读本案例——事件与案例的描述一致，但看待的视角与大卫不同。

学生指出的假设

1. 举办讲座是应对种族仇恨的好办法。

2. 被选中参加讲座的学生在其他的学生中有一定的分量。

3. 如果学生的种族歧视被指出来，他们就会改变行为。

4. 这条基本准则可以保护有色人种学生不再受种族主义的侵害。

5. 各种族的学生都会遵守这条基本准则。

6. 这条基本准则会受到有色人种学生的欢迎。

7. 白人学生没有意识到他们的种族歧视行为。

8. 大卫不是种族主义者。

9. 大卫有足够的威信保证所有学生遵守这条基本准则。

10. 这条基本准则将减少白人学生的种族歧视观念和情绪。

11. 对种族歧视的讨论可以是平心静气的。

12. 白人老师最适合主讲这类讲座。

检验这些假设的方法

1. 调查研究其他学校是如何应对种族仇恨的，以及它们的反种族主义讲座是否有效。

2. 询问有色人种的学生对这条基本准则的看法。

3. 让全校学生推举最有影响力的学生领袖。

4. 询问有这类讲座经验的老师对这条基本准则的看法。

5. 回顾其他学校的反种族主义讲座，找出哪些练习和方法最有效。

6. 询问社会活动家他们是如何应对企业和政府机构的种族歧视的。

7. 通过某种形式的匿名评价，评估这条基本准则是否实现了预期效果。

8. 询问有色人种教师对这条基本准则的看法。

不同视角的案例解读

1. 这条基本准则会让白人学生觉得自己还没参与讨论，就被贴上了种族歧视的标签，这会加重他们的愤恨之情，不利于引起他们对讲座的重视。

2. 有色人种学生会以为这条基本准则居高临下、过于傲慢，因为这条准则暗示他们没有能力为自己挺身而出，无法举出轻微的种族侵犯的例子。

3. 这条基本准则本身也是轻微的种族侵犯，因为它背后隐含着一个假设——白人是有色人种的“救世主”。

4. 这条基本准则只是为了让大卫自我感觉良好，满足他的自负感，让他为自己反种族歧视的正义立场窃喜。

5. 讲座会被有色人种学生当成公关练习，他们会以为，这只是为了美化学校的形象，以免影响招生。

关于前面的情景分析练习，需要说明四点：

第一，这项练习是社会学习练习，让学生们组成小组，通过多角度思考来发现和检验假设。尽管是由学生们单独回答每个情景中的三个问题，但通过小组分享，学生可以真的学到一些东西。学生慢慢意识到，他们需要别人帮忙指出自己忽略的假设，因此，前一章强调，学生更喜欢通过社会学习来学习批判性思维。由不同的学生相互指出对方忽略的假设，或者从不同的角度解读情景，这样的练习最有效。

第二，这项练习也是建立在学生反馈（参见第三章）的基础上，只不过这里更注重具体经验。每个情景都着眼于具体情况，有了可以分析的具体经验，学生更容易找到假设。多增加一些面临选择的人物和存在细微差别的信息，可以增加这些情景的难度，例如在第二个练习中，如果两个主要人物分属不同的种族，情况就会变得更复杂，如果艾琳是非裔美国人，而杰夫是欧裔美国人，学生可能会指出不同的假设。或者，通过一两句话说明其中一个人物是同性恋，也会增加难度。无论如何，要在确保学生能熟练地分析单一人物的情景后，再增加人物和复杂信息。

第三，需要强调的一点是，所有问题都没有对错之分，一开始就把这一点告诉学生，能减轻他们的压力。他们不必再担心自己对情景的理解是否“正确”。事实上，我常对学生说，他们给出的假设和解读多多益善，给虚构人物检验假设的办法也是越多越好。这项练习的目的是让学生入门——通过多角度思考，发现和检验假设。由于不是分析学生自身的推理过程，只是着眼于虚构人物的假设和解释，学生的思想将得到解放，更愿意参与进来，这比直接从学生自身的例子开始要更有效。

第四，练习中的情景不要求学生批判性思考自身的假设，只分析其中的虚构人物，学生无须承担任何风险，这会减轻他们的压力。不要求学生把情景套在自己身上，说明自己遇到类似情况时会怎么做，否则学生承担的风险和受到的威胁会更高。即便这些情景接近学生的实际情况，他们也无须透露这一事实，他们需要做的只是分析一个虚拟人物的思维和心理。

那么，教师在情景分析中扮演什么角色呢？教师主要负责写情景介绍，主持练习和协调各小组在讨论中的分歧。练习后期，教师需要做出判断和澄清，学生分享他们找出的假设时，常常需要教师帮忙区分显性假设和隐性假设，范式型假设、规范型假设和因果型假设。学生向情景中人物推荐的检验假设的方法，要具有一定的可行性。当学生对情景进行不同视角的解读时，教师的职责则是弄清楚学生为什么这么解读，让学生从情景描述中找出相应的信息，来佐证他们的解读。

实际上，练习的第三部分——提供不同视角的解读——往往是学生觉得最难的部分。学生总是给情景中的人物提建议，建议他们该怎么做，而不是从不同的视角解读情景。我总是需要强调，做情景分析时，千万不要给情景中的虚拟人物提建议，建议他们该怎么解读情景。我总是得刻意这么做。除非我明确提出不要给人物提建议，否则学生常会花大量时间讨论约翰、艾琳和杰弗里该怎么做。排除这一点之后，学生才会把精力放在寻找假设和解读情景上（至少理论上是这样）。

教师们也是这样。让一群教师坐下来，边喝咖啡或啤酒边聊天，只要一个教师说出自己面临的一个问题，向其他教师求助，他们首先会告诉那个教师该怎么做，而不去批判分析那个教师对这个问题的看法。不论这个问题值不值得讨论，也不论那个教师在认识和解决这个问题时做了什么假设，更不论能采取什么办法解决这个问题。因此，在《成为批判反思型教师》（Brookfield，1995）一书中，我给教师批判会话小组的建议不是通过头脑风暴解决问题，而是重在认识教师们问题背后的假设，以及对这些问题有哪些不同的理解。

小　结

这是本书着眼于技巧的第一章，介绍了一些入门练习，旨在以一种有趣的、没有威胁性的方式，帮助学生熟悉批判性思维的基本方法。本章重点介绍了情景分析练习，因为这是最受各学科学生欢迎的形式。这项练习适用于任何学科，只用把它编成一个情景，其中有一个虚拟人物（从业者、学者、研究者或者学生）需要决定怎么为该学科创造知识，抑或判断哪些知识是可靠的。对于学生而言，何种情景似乎与他们的推理方法毫无关联，因为他们把精力放在了每个虚拟人物的推理和解释上。当然，在练习汇报阶段，听取其他同学的答案时，学生也能认识自己的假设，意识到自己忽略了哪些视角和解读方式。

下一章将继续关注技巧，介绍批判性思维学习的第二阶段，或者换一个更好的词，就是中级阶段。我将告诉大家，如何带领学生走向对其推理的直接分析，同时又不会让学生觉得不适。

读书笔记

第五章 中级和高级训练方案

在讲座中，我常把批判性思维的学习比作体育运动，假设你被选中代表美国足球队参加世界杯总决赛——对于每个美国足球运动员而言，这既是最高的荣誉，又是最严峻的考验（与世界杯总决赛相比，超级碗简直就像公园里的野球赛）。为了迎接这一刻，需要多年的准备，在这期间，你得参加训练营、热身表演赛、选拔赛、第一阶段的小组赛、淘汰赛以及最后的高潮——世界杯总决赛。

在我看来，参加世界杯总决赛就相当于直接批判分析自己的假设和经验，是对你智力的最大考验，需要大量的训练和准备。假设你在世界杯总决赛前根本没有训练，诸如长跑训练、带球训练、力量训练和心血管机能训练，什么都没参加，只是坐在沙发上，看往届总决赛的录像，那么当开赛的哨声响起，你要抢球时，很可能只会拉伤腿筋，在数百万观众面前瘫坐在球场上，懊恼不已。

就像参加世界杯总决赛之前没有热身和准备训练一样，如果让学生直接从最难的阶段——直接批判分析自己的观念和经历开始，很可能会是同样的结果。不论是参加世界杯，还是学习批判性思维，只有经过大量的训练，反复实践，直到把方法变成自己的第二本能，才能开始最难的阶段。如果说第四章介绍的只是入门练习（用足球界的术语来讲，就是训练营和热身表演赛），那么本章介绍的则是批判性思维的中级和高级阶段。中级练习虽然很接近学生的经历，但仍然还有一步之遥，用足球界的术语来解释，这就是为期两年的地区选拔赛，目的是看看你的球队有没有资格参加总决赛。之后的高级练习将直接分析学生的假设、视角、推理过程和经历，换成足球界的术语，就是世界杯总决赛。

中级训练一：危机决策模拟

危机决策模拟是一项人为设计的练习，十分戏剧化，不会让学生觉得他们是在与真实生活相似的情况下做决定。一开始就向学生说明没有正确答案，会减轻学生猜测“应该”选什么答案的压力。在核泡沫的例子中，每个要求进入穹顶的幸存者都有合理的理由，所以在公布答案的时候，学生会着眼于假设、证据和不同的视角，而不是思考哪个答案才是正确的。

这一节之所以先介绍这项不那么贴近学生生活的练习，是因为当分析的对象离个人生活较远时，学生更容易想出不同的解读方法。毕竟，畅想自己中了彩票之后会怎样远比思考怎么用有限的收入来满足自己的生活需求要容易得多。所以，这项起步练习——危机决策模拟——明显是不会在学生的真实生活中发生的。

危机决策模拟是一项由学生结组完成的练习。教师设计一个模拟情景，要求学生在没有恰当选择的情况下，采取行动或做出决策，而且不能超过时间限制。学生必须在几分钟之内决定，作为小组该如何应对危机。危机决策模拟比发展心理学课堂上常被提及的海因兹困境略微复杂一点。所谓的“海因兹困境”是指，海因兹照顾着生病的妻子，如果不能及时给妻子服用某种药物，妻子很快就会死去，但海因兹无力负担昂贵的药费，结果，他闯进了一家药店，偷了这种药。教师要求学生们评价触犯法律、挽救妻子生命的海因兹的行为是否道德。

和海因兹困境一样，危机决策模拟练习的答案也没有对错之分，重点是让各小组的学生被迫做出决策。接着，在公布答案的阶段，引导学生分析其决策背后的推理过程。模拟时，他们最重视什么证据？小组讨论中，谁的观点影响了其他成员？学生决策时忽略了哪些推理阶段？小组内共产生了几种不同的方案？示例 5.1 是我在讲课时使用的一个危机决策模拟练习。

示例 5.1　核泡沫：危机决策模拟

你的国家刚刚遭受了一场核攻击，由于事先得到了预警，你提前用抗辐射的透明塑料建了一座穹顶建筑，里面储存了充足的氧气、食物、水和药品，足够十个人使用，建筑外围的辐射会逐渐减弱，而你的打算是靠这十个人，重建人类文明。

一天，你们十个人看到一群幸存者穿过满目疮痍的山河，朝穹顶蹒跚而来。碰巧，穹顶内的储备还可以多支撑一个人存活。幸存者开始敲击穹顶，央求你们让他们进去。你打开了事先安装的对讲机（可以过滤辐射），告诉他们只有一个人能进去，让他们轮流说明应该让自己进去的理由。

第一个幸存者是一个农民，一辈子都在生产粮食，自给自足。他的理由是自己精于农事。照他的说法，如果不能生产出足够的粮食，满足基本的生活需求，你们十个人会死于饥饿。

第二个幸存者是一名放射性疾病专家。她指出，之前你们十个并未遇到过核攻击，不知道你们的身体会对残留的放射物有什么反应。大家是不是好农民不重要，要是病得路都走不动了，迟早都得死去。

第三个幸存者是一名老师。她认为，活着不仅仅是为了生存，更是为了保存和传承让人类的生存更有意义的文化，人类的适应性很强，满足食物这样的生存需求并不难，但要建立教育体系，滋养人类的灵魂，让生存变得更有意义，可就难了。

第四个幸存者是一名孕妇。她说，她肚子里的是一份生命的礼物，祈求你们救救她未出世的孩子。

最后一个幸存者是一名格斗教练和武器专家。他提出，你们的穹顶不可能是唯一的，一旦你们走出穹顶，可能会遇到其他的幸存者，需要相互争夺匮乏的资源，如果你们不懂得怎么保护自己，很可能会被更强壮、更懂得战斗的幸存者杀死或留下来等死，这些人会抢走你们赖以生存的资源。

情景说明

再找四名同学，组成一个五人小组，你们有十分钟的时间来决定让谁进入穹顶。没有正确答案，所有答案都可能是合理的。

小组做出决定后，你们有十分钟的时间来回答下列问题，并把答案写在纸上。

1. 你们的小组是如何做出决定的？组员达成一致前是否经过了充分的讨论？是否是投票决定的？是否产生了分歧或者大多数组员是否支持最终的决定？哪些假设影响了你们的决定？

2. 哪个论点最有力，说服了其他组员？

3. 这个论点是建立在什么假设的基础上？哪个证据最合理，能支撑这一论点？

4. 质疑小组最终决定的主要观点是什么？

5. 如果给你们更多时间，你们会怎么检验你们的选择是否合理？

中级训练二：批判性辩论

另一个十分戏剧化的练习是批判性辩论。教师找一个存在争议的话题，这一领域的学者和从业者对这一问题看法不一，把这个话题组织成一个辩题。把这个辩题告诉学生，要求他们分成两队，第一队为正方，第二队为反方，学生可以自愿举手选择持方。

全部学生分成两队之后，教师可以玩个恶作剧（只能玩一次）——对调学生的持方，也就是说，学生实际的持方与他们自愿选择的相反，选了正方的要站在反方辩论，选了反方的要站在正方辩论。

双方各有 10～15 分钟来组织论点，5 分钟来决定由谁陈述论点，另外 5 分钟来陈述论点。开篇陈词后，双方各有 5 分钟来商议如何反驳，出面辩驳的辩手与开篇陈词的辩手不能是同一人。双方辩驳后，辩论结束，由学生进行最后的投票，这时，要告诉学生，可以按照自己的想法来，选择哪一方都可以。

投票后，全班一起讨论这次辩论的体会，问问学生反驳自己选择的持方是什么感受，让他们分享一下自己学到了什么新的思考方式，对辩题有什么新的看法。

这个练习的最后一项是布置家庭作业，要求学生写一份简短的辩论反思总结：

1. 他们对辩题所做的假设。
2. 他们对辩论中新出现的问题所做的假设。
3. 如何检验这些新假设。
4. 从辩论中学到了什么新视角。
5. 辩论如何质疑或改变了他们已有的假设。

中级训练三：范例与瑕疵

这项练习更接近批判性思维的实质，不像批判性辩论，学生其实是在做选择，代表了他们真实的观点，但并不带个人色彩，因为他们赞赏或批评的是其他人选择的一项抽象研究，例如一道数学证明题或者一个历史事件的解释，学生判断它是准确的还是有瑕疵的。和批判性辩论一样，这项练习同样适用于任何学科，其基本思路是一样的。

首先，是这项练习的“范例”部分。在某个话题的基础上，让学生选择一个对这一话题做出卓越贡献的人或者推动这一话题发展的某个概念。学生需要单独做出选择，不受其他同学的影响。

下面是这部分练习的一些例子：

- 在我们今年讲过的数学证明题中，哪一道的论证最扎实？
- 在我们研究过的历史事件中，哪种解释最可信？
- 在我们本学期讲过的物理定律中，哪一条的预测能力最强？
- 在我们目前讲过的诗歌中，哪一首最能说明爱的本质？
- 在针对精神分裂症的心理理论中，哪个最合理、最完整？
- 本周课堂上发的阅读材料中，哪一篇最有趣、写得最好？
- 在我们目前了解的商界领袖中，你最想让谁来领导你的公司？
- 和你一起参加过实习的同学中，你最佩服谁？为什么？

学生单独做出选择后，把他们分成三人小组，互相分享答案。每个学生轮流说出自己的选择，并解释原因，然后，另外两名学生指出他做了什么假设，站在他们的角度上，指出他过于依赖哪些论据和证据，他对哪些角度最感兴趣，他选择的范例中哪些部分最让他深信不疑，以及他对哪些知识最可靠所做的认知假设。第一个同学听过其他两个同学的反馈后，第二个同学接着说明自己的选择，重复上述过程，接着是第三个同学。

“瑕疵”部分与前面的过程相似，除了一点，这次是让学生找出该话题中存在欠缺的地方。下面是一些例子：

- 在我们今年讲过的逻辑定理中，哪一条的论证最薄弱？

● 在我们研究过的人口活动中，哪种解释最不可信?

● 在我们本学期讲过的会计程序中，哪一项最复杂、最容易出错?

● 在我们目前看过的电影中，哪一部的剪辑最混乱?

● 在不同的社会等级分类中，哪种最模糊?

● 本周课堂上发的阅读材料中，哪一篇最缺乏说服力、写得最差?

● 在我们研究过的神学家中，谁最可能会给公众造成最大的伤害?

● 在你研究过的本专业的作者中，谁最没有资格指导学生的学习?

和危机决策模拟一样，要让学生知道练习的答案无所谓对错，重点是通过小组学习，让学生相互帮助，认清自己的推理过程、最依赖的证据、决定哪些知识可靠的过程，等等。最有益的一点在于，它着眼于学生被迫选择的特定文本、概念或者个人。从学生们的反馈来看，具体的选择最受他们的欢迎，因为这样的选择能帮助他们认清自己持有的一般性假设。

中级训练四：肯定和质疑引言

这项练习与前面介绍的范例与瑕疵练习类似，除了一点——它使用的材料是学生刚完成的书面作业。在课堂上讨论特定文本时，我曾采用过这种练习形式。作为讨论的主持者（同时也作为一名学生），令我失望的是，尽管我已经要求学生课前准备和阅读一段材料，但课堂讨论仍然停留在一个笼统的层面。这项练习正是为了避免这种情况发生，迫使学生准备好特定的文章和阅读材料。同时，经过稍加调整，我把它变成了一项批判性思维的练习，可以帮助学生认识到他们对不同文本的本能反应背后存在的假设。

首先，给学生一篇材料，要求他们在课前读完，任务是从材料中挑出一段他们赞同的引言，出于什么理由都可以，或许与引言中的观点一致，或许喜欢它的表达方式，或许从中获得了新的信息和角度，或许其中的例子让其他材料更清楚，也或许它道出了全篇的主旨——选择背后的理由没有对错之分。选择质疑的引言时，道理也是一样，学生的理由无所谓对错，或许它令人迷惑，让人一头雾水，或许它有失偏颇，或许其中的观点与学生的不一致，或许在学生看来它的推理不够合理，也或许它不合道德，等等。

上课时，学生已经选好两段引言，把他们分成五人左右的小组，每个成员轮流说明自己赞同的引言和原因。每个成员都说明完毕后，小组内选出一段引言。“质疑引言”部分过程也一样，但要说明一点，每个小组两次选择的引言不能出自同一个人。

接着，把每个小组选出的两段引言写在纸上，贴在教室的不同位置，让全班同学都能看到。另外，要把理由也写下来贴在旁边。

这时，就把练习的范围扩展到全班了。让学生看看教室四周张贴的引言和理由，从其他小组的引言中选择两个他们感兴趣、想深入讨论的，然后走过去，这时，他们会遇到跟他们观点一致的其他同学，让他们一起读一读引言旁边的理由，把自己能想到的其他理由加上去，并对已经列出的理由进行评论。

几分钟后，我会让最初的小组回到他们的答案前，看看留下了什么评语，再给他们一点时间来讨论这些评语，接着布置下周的作业。下面是一份简短的反思总结（这是我给学生布置的家庭作业，只有一页纸，要求学生反思总结课堂上做的练习），要求学生回答三个问题。

示例 5.2　肯定和质疑引言：反思总结

1. 你选择的两段引言是什么？为什么？如果要用同样的材料再做一次练习，你还会选择这两段吗？如果“会”，其他同学的哪些评语让你相信你的选择没错？如果“不会”，哪些评语让你改变了选择？

2. 你选择了其他小组的什么引言？为什么？和做出同样选择的其他同学交流时，你了解了什么新信息或新角度？如果没有，你的哪些想法得到了肯定？

3. 通过练习，你对自己在这一话题上的思考方式有何认识？哪些论点和证据吸引或迷惑了你？你认为好的或不好的学术研究是由什么构成的？

我之所以如此喜欢这项练习的一个原因在于，学生容易“上当受骗”，以为这项作业很简单，不过是挑出两段引言，能有多难呢？学生以为它只是小菜一碟，走进教室前甚至在教室里等着上课时再做都不迟。另外，也能得到学生的良好反应，毕竟，再没有什么比全班范围的大组讨论更让不少学生感到害怕的了，平时的作业，他们要么是

独自完成，要么是通过小组讨论来完成。个人觉得，这项练习的巧妙之处就在于它的结构设计，也就是教师的角色，很好地体现了芬克尔主张的闭口式教学（Finkel，2000）。

乍看之下，这项练习很简单，但它的难度和挑战性会逐渐增加。学生其实是在做元认知训练——认识自己的思维，这是自我批判反思最难的地方。好在和批判性思维的其他练习一样，很多时候，它也是一种社会学习实践。各小组必须选择两段引言，给全班同学看，而且还要在纸上写下理由。当学生走到其他小组张贴的引言前，见到做了同样选择的其他同学时，也要说明原因，只不过这次是和其他的同学交流。当学生回到自己的答案前，他们需要读一读其他同学留下的评语，和最初的小组成员相互讨论。

最难的地方在于，学生要完成反思总结，这是一项需要单独完成的作业（必要时，也可以作为小组作业），要求学生反思自己的论证方法，以及对优秀的或不好的学术研究的假设。要是学生并不重视这项练习，上课前两分钟才随便选好引言，最后只会捉襟见肘，被扣掉这门课的最后得分。

需要强调一点，元认知训练难度很大，学生第一次练习时，结果往往不尽如人意。这让我想起早先考核哥伦比亚大学师范学院成人教育专业的博士考生的经历。我们要求考生选一个该领域存在争议的问题，阐明自己的立场，列出影响这一立场的假设，然后反驳自己选择的立场，三四年过去了，没有一个学生能做到。结果，我们只好改了考题，从该领域著名学者（Malcolm Knowles & Paulo Freire）的著作中节选两段思想截然相反的选文给考生，要求他们指出两者的不同之处，说明两者各自持有的假设，可大部分考生还是很吃力。

如果哥伦比亚大学的博士考生连自己的假设都无法找出，更别提学科领军人物的假设了，如果换作大一新生，可能比登天还难。之所以举这个例子，是想强调教师示范和渐进教学的重要性，让学生做反思总结所涉及的元认知训练之前，要先让他们大量练习前一章介绍的基本的入门方法。

高级训练

批判性思维的终极阶段（最贴近批判性思维），是让学生批判性思考自己的决定、选择和论点。这一阶段让学生无处可藏，他们必须去发掘和研究左右其思维和行为的假设，有的假设让他们深信不疑，有的假设也深刻影响了他们的生活，就像请一个爆破专家在你的房子地基处安放炸药，把旧的房子拆掉，重新建起一座更坚固的。这样的终极训练令人生畏，对大多数人而言，也有很大的威胁性，难怪学生会极力挣扎和抗拒。

好在终极阶段也有吸引人的一面，因为只有经过最初的教师示范以及初级和中级训练之后，才会来到终极阶段。同时，这一阶段着眼于学生的具体选择和决定，非常实际，能得到学生的认可。高级训练在熟悉度上也有优势，因为它与初级和中级训练存在共性：第一，它是一种社会学习实践，学生要相互帮助，发掘和研究左右其思维和抉择的假设；第二，它着眼于具体的行为、选择和决定，而非笼统地研究学生对整个学科或领域的假设；第三，学生可以从教师的示范中得到启发，在高级训练中，教师更要让学生看到他们怎么用批判性思维来分析自己的论点和行为。

希望到目前为止，你已经明白第三章提到的学生反馈（老师大量示范，通过有序、渐进的教学安排，让学生逐渐接近自己的思维，着眼于具体经历，并通过小组来学习批判性思维）对本章和前几章介绍的方法产生了什么影响。下一项练习——批判会话训练——就是根据这些反馈而设计的，尽管它与入门级的情景分析练习（参见第四章）相去甚远，但两者的总体思路是一样的，情景分析和批判会话都属于社会学习实践，着眼于具体的选择、行为和经历，也都需要基本的批判思维能力（参见第一章）——发现假设，思考如何检验假设，以及多角度看待问题。

批判会话训练

批判会话训练应被放在批判性思维训练的最后一步，其复杂程度要求学生通过大量练习来积累经验，只有经过示范后，才能带领学生开始这项训练。批判会话是一场目标明确的会话，老师以这种形式引导学生：

1. 发现他们的假设。
2. 检验他们的假设是否合理。
3. 多角度审视他们的思维和行为。

4. 思考批判会话对他们未来的行为和思维的影响。

在一场结构完整的批判会话中，建议让学生扮演三个角色——讲述者、侦探和裁判。

讲述者愿意主动讲述自己的思维、实践和经历，让自己变成批判会话的焦点。

侦探可以帮助讲述者全面、清楚地认识左右其思维、实践或经历的假设和行为。

裁判则负责监督会话，防止小组成员在会话中评判他人，让他们把精力放在自己的角色上。

所有小组成员应轮流扮演这三个角色，由于这项训练内容多而复杂，需要进行多次，每次学生要扮演不同的角色，至少做一次讲述者、一次侦探和几次裁判。目的是经过多次训练，让角色相关的行为变成学生的习惯。

练习分为独立的五个步骤，选择做裁判的学生负责确保练习按顺序开展，大多时候，裁判算是一个没有对白的角色，只有练习出现偏差或有人将打破练习的基本规则时，才出言打断。示例 5.3 就是一个批判会话的例子。

示例 5.3 批判会话训练

1. 讲述者讲故事（10 分钟）

首先，讲述者尽量详细地描述自己学习中遇到的一个问题，在自然科学领域，可能是出了严重差错的一个实验；在人文学科中，可能是对艺术、哲学或文学的审美问题，而讲述者是唯一持有非主流观点的；在社会科学领域，可能是讲述者无法理解或者理解后发现无法适用于现实问题的一个理论；在应用型学科中，可能是一名护士或教师所面临的无法解决的困境。

讲述者之所以讲这个问题，是因为它让讲述者十分受挫，极有可能是太复杂，让讲述者难以理解。讲述者用自己的话把这个问题讲出来，中间不能被其他人打断，扮演侦探角色的同学要认真倾听，他们是有目的的倾听者。

侦探应尽力找出讲述者对问题的认识背后的显性假设和隐性假设，有的假设可能是关于判断学科知识是否可靠的方法，有的假设则是关于怎样才算优秀的学者或者正确的研究方法是什么，也有的假设是针对更具体的话题、作业或行为，一切都取决于讲述者的选择。侦探的主要职责是找出讲述者有关真知的假设，同时也要找出霸权性的假设——那些看似对讲述者有益实则损害其最佳利益的假设。

侦探也要站在其他参与者（如果有的话）的立场上，试着从他们的角度看问题。如果没有老师或者别的同学参与，侦探则要试着从不同的角度来解答讲述者的困惑，如果可能的话，要在讲述者的描述的基础上，思考或写下不同的解读版本。

2. 侦探提问（10分钟）

讲述者讲述完毕后，侦探可以就讲述者的描述开始提问，询问有助于揭开讲述者的假设的信息，也可以问一些讲述者没有提到，但从讲述者或其他参与者（如果有的话）的角度来看有助于解决问题的细节，这有助于侦探从不同参与者的角度来看问题。

向讲述者提问时，要遵循一条基本规则——只能了解信息（关于……能再多讲一点吗？能再解释一下你为什么决定……吗?)，而不能加以评判（你是说你……吗？你到底为什么……呢?)。侦探提问的目的只是了解更多细节，应该克制自己，不能发表观点或者提建议，不论他们觉得自己的建议有多大帮助。另外，一次只能提一个问题，避免以了解信息为名提出多个问题，绝不能建议讲述者该怎么做。

讲述者应尽量详细、诚实地回答侦探的问题，也可以询问侦探为什么问这些问题。裁判要向侦探说明，哪些问题是评判性的，尤其是那些暗指他们有更好的解决办法的问题，例如以“为什么不考虑……呢”开头的问题。

裁判应提醒侦探注意他们的语气、肢体语言和言辞，以免引起讲述者的抵触，作为讲述者本质上的盟友，应密切注意可能导致讲述者觉得自己被冒犯的情况。

3. 侦探指出故事中的假设（10分钟）

侦探了解所有信息，讲述者回答所有问题后，会话就进入指出假设的环节。这一环节中，侦探要在讲述者的讲述和回答的基础上，指出讲述者可能持有的假设。

侦探应尽量不评判讲述者，只清楚地阐明讲述者可能持有的假设，绝不评判讲述者的是非对错。侦探的方式应该是试探性的、描述性的、不加评判的，使用“似乎”“我不知道你是不是有这样的假设……”或“有没有可能你假设了……”这样的措辞。一次指出一个假设，绝不要告诉讲述者该怎么做。裁判如果发觉侦探有评判他人之嫌，可以立即打断。

4. 侦探给出不同视角的解读（10 分钟）

这一环节，侦探要从其他参与者的角度或用其他视角来解决问题，给出不同视角的解读，这些解读应该是合理的，也就是说，符合讲述者所描述的事实。如果可能的话，侦探应给出不同解读的理由。

侦探给出不同的解读时，应该以说明的方式，而非大加评判，说明从其他参与者的角度怎么看，而不是评判这些观念是否准确。侦探的任务是告诉讲述者，运用不同的思想框架可以怎么看这个问题，并不是要讲述者一定从这个角度看，千万不要提任何建议。

同时，讲述者不能打断侦探，好让他们尽量详尽地说完。侦探说明完毕后，讲述者可以接着为他们补充信息，来质疑这些解读，也可以让他们进一步解释为什么这么解读。总之，讲述者不一定要赞同侦探给出的解读版本。

5. 参与者总结经验（10 分钟）

最后，基本准则不再具有效力，侦探可以提出任何建议，讲述者和侦探都可以说说自己从会话中学到了什么，得到了哪些新想法，哪些假设自己错过了或者需要进一步发掘，对问题有了什么新的看法，对未来的行为有何启发。裁判则要全面总结参与者礼貌地聆听和交谈的能力，也可以给出自己对讲述者的问题的看法。

尽管这项练习结构复杂、不够自然，但其初衷是让参与者把相关行为内化成自己的习惯，最后就可以省去复杂的规则和结构。再者，从我的描述来看，练习的五个步骤似乎清楚明确，可事实往往相反！过了预定的提问环节后，扮演侦探角色的学生可能又想起别的问题要

问，好给讲述者指出新的角度，帮助他们认识自己的假设，结果，指出假设和多角度思考的环节往往也变成了提问。

以我的经验而言，假如几千人参与这项练习，裁判最常做的工作就是在参与者以提问、指出假设和提供不同角度的名义提建议时，出面干预。我们常常习惯于跳过问题，直接提供解决方案，以至于批判分析的中级阶段常被我们忘在脑后，这样的问题解决方式可能存在漏洞，因为没有人去问我们费力解决的问题是否是主要问题，抑或解决了这个问题会让谁受益。而批判性的问题解决则是，发掘左右某人对问题的看法的假设，找出影响其解决问题的方式的假设，不断从先前被忽略的角度来看待问题。

我不仅让学生做这项练习，还把它带到了不同的场合。在静修时，利用这种方法帮助一群修行者想出新的办法来应对反复出现的问题，在大学和研讨会上的教师讨论中，在护理教育培训中，在全球公司的人才发展研讨会上，我都曾以这种方式来激起大家的兴趣，似乎它无限适用、简单方便，可前提是要明确说明和执行基本规则。

需要说明的一点是，没有经过教学示范——由我扮演主持人、裁判和讲述者的角色，我是不会让学生做这项练习的。给学生示范时，我会带上三顶不同颜色的棒球帽：扮演裁判时戴红色的，因为发现“侦探”开始评判他人，连环提问讲述者或给他们提建议的时候，我要亮起红灯，阻止他们；扮演讲述者时戴绿色的，因为绿灯为我亮了起来，我可以讲自己的故事了；扮演主持人时戴黄色的，因为我要释放暂停的信号，为学生答疑解惑，解释练习怎么进行，下一步怎么做，制定基本规则，等等。根据学生在《关键事件调查问卷》中的反馈，他们一致认为，教学示范十分可贵，可以提醒他们练习有哪些难点，该注意哪里，这项练习正是根据他们的反馈而设计的。

小　结

在本章中，我介绍了一些批判性思维的训练方法，从中级到高级，难度是渐渐增加的。所有的练习都存在相似之处——都是社会学习实践，学生们要相互借鉴，试着从多角度思考；都着眼于具体的任务、概念、经历、个人或实践，而非笼统地分析整个学科；都步步为营，慢慢向直接分析学生的思维和经历靠近。

下一章，我们将把精力转向最让学生头疼的批判性评论——因为老师让他们写批判性的文章评论，而他们连“批判性”是什么意思都不清楚。

读书笔记

第六章　批判性阅读与写作

到目前为止，我们主要介绍了批判性思维的课堂教学，让学生通过发言来锻炼批判性思维，难怪学生们会以为，学习批判性思维最好的方法莫过于通过同学的帮助，相互找出对方的假设，提供新的视角。但实际上，最考验学生批判性思维能力的是考试和论文，也就是书面形式，有关这一点的终极例子是博士论文，学生需要针对一个问题写一篇相当于一本书篇幅的研究论文。

一方面，批判性发言和批判性写作截然不同，发言时，我们可以借助语言以外的手势和工具来论证，而且面对面地批判别人的观点时，我们的评论要更巧妙，以免引起别人的厌恶、愤怒和尴尬，而书面批评时，最基本的风格是清晰，可这样的清晰往往被受批评的人视作咄咄逼人，与面对面的交流相比，更容易让人受到冒犯、造成不快。

随着越来越多的课程开始采用混合式教学或者完全的网络教学，批判性写作的能力变得日益重要，远超以往面对面教学的时候。教师一再向学生强调，文献分析要有批判性，却极少具体指导学生怎么做。举个例子，有一门大学课程我教了十年，主要目标是培养学生的批判性思维，我要求学生在每次的论文中体现批判性思维，可除了告诉他们找出作者持有的假设，从来没有教过他们具体该怎么做。当学生最终指出，我从没解释过到底什么是文献批判分析的时候，我才被动地具体起来。所以说，若是本章对你有所裨益，全是学生们抱怨的功劳。

另一方面，从批判性思维的基本框架（参见第一章）来看，批判性发言和批判性写作又是相同的，不论采用什么媒介，两者的基本模式是一样的——寻找假设，通过不同的方法检验假设，从不同的视角来审视观念和行为。因此，文献批判分析至少应包含以下特征：

- 揭示作者持有的假设，尤其是对哪些知识和哪些研究方法可靠所做的假设。
- 评价作者的结论和理论解释的可靠性和准确性。
- 评价文献的清晰性——表达的意思是否完整，例证是否充分，能否让读者完全理解。
- 综合评价文献的相对优点——对文献的单独评价及与其他文献的对比评价。

对批判性阅读的误解

学习批判性写作时，横在学生面前的一大障碍就是对它的误解，例如，学生一想起批判分析该领域的知名理论家、经典文献或被普遍认可的定理，就以为是要证明人家是错的，自然让他们望而生畏。只有极度自信或鲁莽的学生才敢去质疑那些被广为引用、翻译成多国文字并被奉为经典的作品。所以说，教师要做的第一件事，就是消除学生批判即否定的误解，也就是下面的第一条。

批判即否定

在很多人看来，“批判”这个词带着消极的意味，批判就等于怀疑和悲观，就是以否定他人呕心沥血的成果为乐，换言之，就是攻击和摧毁我们视之为幼稚和目光短浅的作品。因此，有必要一开始就说明，批判性阅读是一个综合评价的过程，是取其精华去其糟粕。实际上，“精华”和“糟粕”这两个词也会误导人，会助长一种错误的二元论——好像我们已经给某个事物是好是坏下了结论。事实上，批判性阅读和写作是评价文献的准确性和可靠性，也就是说，我们不仅要找出不能让我们认同和认可，让我们觉得不完整、过于狭隘的部分，也要找出那些论证翔实清楚、发人深省的部分。我们在读博士时阅读的文献中，很少是绝对的好或不好，不能单纯地用电影评论的方法去评价，一刀切地肯定或否定。如果采用批判性阅读的方法，很可能会发现，我们的评价是多层面的，甚至是自相矛盾的（当同一篇文章有好有坏的时候）。批判性阅读的核心是，既要认可学术作品论证扎实、准确、值得赞扬的部分，又要找出它存在不足的地方。

失败主义

批判性阅读和写作让我们误以为，知识总是深受文化和学科的影响——是特定的人在特定的时间和地点以特定的方式思考的结果，结果让广大读者陷入相对的失败主义中。他们得出结论，既然没有什么是普遍确定的（就连物理定律也会随时间和地点而改变），也就没有什么思想会比其他思想更合理，这一结论可能引起求知上的消极怠惰，最终脱离思想的世界。

事实上，批判性阅读可以增强我们合理解释自己的观念和信仰的能力，进而增强我们对文本的归属感。批判评价一篇文献时，我们对它的优点和缺点了然于胸，既看到可取之处，又看到不足之处，最终的评价也是不偏不倚的。最优秀的批判性阅读者往往体现了实用主义大力提倡的明智行动（参见第二章），既能用合理的理由和证据来解释我们的观点，在进一步的经验面前，又勇于重新审视和思考原有的观点。

哲学慧根

由于和批判性思维相关的很多学术著作都是建立在分析哲学的框架上，着眼于论证分析，很容易让人误以为，批判性思维根本不适合没有哲学慧根的人。其实，批判性阅读（批判性思维的一种实践形式）并不限于逻辑学专业的人，在我看来，它更像是一种生存技巧，与学习者的教育程度无关。对人类日常理性的大量研究（Sternberg，Forsyth，Hedlund，Horvath，Wagner et al.，2000）表明，成年人在日常生活中基本都能快速阐明假设，分析证据，评估多种环境因素的重要性，最终做出明智的行动，而批判性思维决定着有多少人能适应和度过我们所谓的转变阶段（Taylor & Cranton）。

左翼的政治产物

由于批判性思维、批判分析和批判反思的一个流派发轫于福柯的批判社会理论学派——一个致力于在现代背景下诠释和调变马克思主义的思想体系（Brookfield，2004），只要带有“批判”这个词的东西都被等同于左派的政治观点。有时候，学生抱怨说，对于某些老师而言，批判性阅读往往带着一种预设的意识形态，是想让学生从自由主义转向新马克思主义。在我教过的成人教育课程中，有时候学生也表露了这种情绪，他们指出我选择的文本表明我有反商业倾向。考虑到批判理论批评的主要对象是资本主义的逻辑，学生的抱怨似在情理之中。

然而，需要记住的是，批判性阅读的一个重要目的是引导学生质疑权威以及被当作理所当然的观念。我们生活在资本主义的文化背景下，资本主义观念已经成为理所当然的权威，构成了主导的意识形态，所以批判性思维和阅读就是要引导学生质疑这一意识形态的道德基础和普适性。但是，批判理论者很快就指出，如果是在极权的社会中，批判性阅读要质疑的将是被当作权威的左翼意识形态。

批判性阅读的目的在于质疑所有的意识形态、学科和理论，所以批判社会学将怀疑的目光投向所有自诩普适的思想，而教师直接或间接地规定讨论和作业中只能容许一种意识形态出现，恰恰违背了批判性思维的基本原则——所有参与者，包括教师在内，要保持开放的心态，敢于重新审视左右其思想意识的假设。对于教师而言，这一原则尤为重要，因为教授批判性思维的最佳方式莫过于亲身示范。个人希望，批判性阅读能引导学生去怀疑保守的意识形态，认清垄断资本主义的不人道之处，我觉得我有义务让读者了解自己的这点偏见。同时，我也将继续抛出自己的假设及相应的证据，让学生站在我的角度指出我的疏忽之处，在我给出的证据的基础上，给出不同视角的解读。在我看来，如果说“恰当的”或“真正的”批判性思维的前提是学生放弃嘲弄我的政治观点，无疑等于鼓吹教条的绝对正确性，那样，一开始就会埋葬学生调查探究的机会。

认知游戏

正如批判性思维一样，批判性阅读常被视为崇尚理性高于一切的智力游戏。理性的概念频繁出现在哈贝马斯等批判理论者的著作中，难免会成为相关讨论的焦点。然而，这里所说的批判性阅读承认，思想和论点常受感性因素的影响。事实上，对一个观念、理论或研究领域的归属感本身是感性的，我们评价某一概念或理论命题的合理性，也往往涉及感性因素。

因此，在批判性阅读中，我们不仅关注我们的逻辑理性，也关注我们的感性，特别是当我们研究对材料的感性反应，试着认识一篇文献为什么让我们热衷、惊愕、困惑或投入时。当读到的作品拷问我们某些最根深蒂固的假设时，我们很可能会对作者或其思想充满强烈的愤怒和怨恨之情，因为其带给我们一种危机感。开始阅读之前，我们有必要知道这一点，要明白感性反应在真正富有挑战性的知识探究中是在所难免的。

批判性阅读的要素

本节中，我要向大家介绍文献批判分析的几个要素，但不要求学生在每次提交的分析中体现全部要素，例如，如果所分析的文本是一个全新领域的开创性著作，很难找得到它的思想渊源，或与同一领域的其他作品进行比较（因为这一领域是一片空白）。一般的原则是，书面的批判分析应给文献的学术成就一个定位，说明作者想表达的意思，找出它的假设、疏漏以及不同的视角，肯定文献在准确性、综合性、合理性和明晰性等方面的相对优点。

理解作者想表达的意思

开始书面的批判评价之前，必须要理解作者在文献中想表达的意思，如果连作者的基本论点都没能理解，那么，批判分析完全是站不住脚的。本着基本的好奇和诚实精神，对文献进行批判分析时，必须要证明自己理解了作者想要表达的意思以及研究目标。作为一名出过大量专著的作者，我能体会到某些读者的批评多么令人失望——他们只读了作品的一部分，就批评我的疏忽之处，可所谓的疏忽其实是在作品的其他部分。

如果对作者明确承认无法做到的部分大加批评，这样的批评也是站不住脚的。批判评价首先应关注作者的研究目标，你可以不认同作者的目标，认为它方向不对、考虑不周、范围过窄或过宽，这都没问题，但关键是要确保自己彻底理解了作者的研究目标，清楚地了解作者的研究是否到位，方法如下：

学生可以提供能准确传达文献主旨的典型节选、引言和例子，为作者想要表达的复杂命题提供一个清楚的例子，不论是文献中给出的例子还是学生自己找到的例子，最能说明学生完全理解了文献的主旨。好的文献批评的基础是，学生证明自己不仅理解了作者想要表达的论点和信息，而且还能说明文献的研究意义。

学生可以证明自己完全了解作者的学识及文献在其思想体系中的地位。如果文献拓展了早先的研究，应对这一点给予认可，同时不能忽略文献指出的新的、重要的研究方向。或许文献修正甚至推翻了之前的研究，也或许完全突破了之前的研究，都应该以批判的眼光进行评价。如果文献代表之前的重要研究的一个分水岭，也应认可它在作者的思想发展轨迹中的地位。

学生应该有能力找出影响作者研究的主要假设，尤其是作者对哪些知识可靠所做的假设。视学科的不同，学生应找出：(1) 作者持有的范式型假设——构成了作者对该领域的全部认识的假设；(2) 规范型假设——作者对寻找真理的正确方法所做的假设；(3) 因果型假设——作者用于解释文献中的特定因素、证据和关系的假设。

条件允许的话，学生也可以阅读已经发表的相关评论，以及认同或反驳这些评论的鸣谢词。

学生可以指出文献在整个研究领域中的地位。如果这一领域是按照不同的研究方法、理论取向或研究内容来区分的话，可以指出文献在这些分类中的位置。

学生也可以指出文献的思想渊源，包括作者所借鉴的前人的研究，作者最重视的研究方法和理论框架，或者是作者个人一步步的思想发展。

对文献进行批判分析

学生完全理解文献的研究目标，从“内部”（也就是用作者的表达方式）了解了作者的论点和结论后，就可以开始批判分析，或者说是详尽的剖析。这时，学生可以运用第一章介绍的批判方法，思考下列问题：

- 作者持有哪些假设（包括范式型假设、规范型假设和因果型假设）？每个假设在多大程度上是准确合理的？
- 哪些可能取得丰硕成果的解释被忽略和遗漏了？
- 在已有的解释中，哪一个最准确合理，为什么？
- 文献有哪些自相矛盾的地方？哪些地方前后观点自相矛盾？
- 哪个论点最有力，为什么？
- 哪些论点的证据最可信？
- 作者在哪里提出了观点和论断？这些观点和论断在多大程度上是基于已被证实的经验证据的？
- 作者在哪里（如果有的话）将个人偏见伪装成了客观的结论？
- 作者的结论在多大程度上被其选择的研究方法和理论框架左右

了？如果是，作者是否承认这一点？

- 研究的主要结论在多大程度上与先前的论证和解释明显一致？文章有什么明显的发展脉络？
- 作者对研究进行宏观归纳时，支撑其结论的具体例证在多大程度上是合理和可靠的？
- 作者的偏见是否是公开的？文献中包含多少作者未承认的偏见？
- 作者的意思传达得是否到位？哪些论点是最容易理解的，为什么？哪些论点让人难以理解？
- 作者介绍新的概念、术语和证据时，是否能用清楚、有用的例证加以阐释？

亮明观点

最后，对文献的批判评价和描述性总结的区别在于，学生要亮明观点，肯定文献的相对优点。对于很多学生而言，这是批判性写作最大的难点。让学生批评该领域有名望的学者的作品，简直是骇人听闻。刚开始时，很多学生所做的评价都是大力的肯定，而极少看到疏漏、未经证实的结论和没有正当理由的推断，这并不奇怪。学生刚接触一门学科时，就期望他们判断出某篇文献是否简单罗列了多个学者的观点，这是不现实也不公平的，所以说，学生肯定文献的优点的能力，取决于他们对整个学科的熟悉程度。和批判性思维的其他方面一样，学生在批判评价之前，先要掌握该学科的“规范”（参见第一章)。

一如既往，要向学生说明，文献批判评价只是评价，不是推倒，批判评价既要看到可取之处，又要看到不足之处。下面是学生在批判评价时可以着力回答的一些典型问题：

● 这篇文献是否跟得上时代？是否采用了最新的研究方法和理论框架？

● 这篇文献的主题解释得是否充分到位？与同一主题的类似文献相比，是否能评价它的解释力和描述的准确性？

● 这篇文献与其他类似的文献相比如何？大部分是在重复已知的信息吗？是否提供了新的信息和视角？它提供的解释和原则是否更容易理解？

● 这篇文献的论证是否扎实？结论在多大程度上是基于证据得出的？作者的推断能否得到明确的证实？

● 这篇文献是否体现了自我批判？如果是，作者是如何批判他的作品，或者指出其论点和方法的不足之处的？

● 作者是否说明了其作品的思想渊源？是否肯定了前人所做的贡献？这篇文献是否是大量相似文献的跟风研究？如果不是，作者是否说明了它独树一帜的地方在哪里？

● 与该领域的其他文献相比，这篇文献用于阐释概念、提供解释的例证、比喻和类比是否恰当、准确和有用？

● 与该领域的其他文献相比，这篇文献的解释范围如何？是否研究了该现象的所有例子？如果没有，作者是否说明了其解释的局限所在？

- 这篇文献在多大程度上是可以驳倒、拓深或改进的？是否为未来的研究指明了可能取得丰硕成果的方向？
- 沿用专门用语时，作者是否给出了清楚的解释？

如何教批判性写作？

与学生反馈的批判性思维的最佳学习方式（参见第三章）一样，批判性写作的学习也有三个相同的步骤：第一，渐进式学习，从难度较小的练习开始，提供尽可能多的指导，比如提供批判性写作的大量例子；第二，社会学习，同学相互批评借鉴；第三，老师要在学生面前反复地示范。下面详细介绍这三个步骤：

渐进式学习

正如之前所说，对于很多学生而言，最可怕的可能就是让他们写一篇文献批评。好在通过不同的任务训练，慢慢熟悉了以后，也就不那么难了。学生们一再强调，为他们提供大量的文献批评的例子，让他们知道哪些写得好、哪些写得不好，让他们受益匪浅。要是这样的例子是学生之前完成的作业，情况尤其如此。当然，难点在于，给学生的例子既要足够具体，这样才会对他们有所帮助，又不能过于具体，以免学生套到自己的现实生活中。

当我给学生提供例子时，我会用不同的颜色和格式来提醒学生该注意哪里。

不同颜色和格式的批评反馈表

红色：学生从中找出作者的假设的句子。

绿色：学生从中找出作者前后矛盾、不一致和疏漏的句子。

蓝色：学生从中找出文献中基于或者并非基于证据做出的推断的句子。

黄色：学生从中找出文献中清楚明白或让人难以理解的句子。

下划线：学生从中找出文献可以归类到某个学科或无法简单归类的句子。

斜体：学生从中理解了作者想表达的意思的句子，可能是通过学生举出的例子。

加粗：学生明确地判断出文献与其他文献相比具有优点的句子。

渐进式学习的意思是说起点要低，先让学生分析一段或者一页，而不是整章。在这方面，肯定和质疑引言的练习（参见前一章）可以派上用场，另一项练习是引文评论。

示例 6.1　引文评论

课上讨论之前，老师用纸片把材料中的句子和段落打印出来，上课时，把纸片放在一顶帽子里，要求学生们从中抽一张。给学生几分钟来思考，然后让他们把纸片上的引文读出来，并发表评论。发言顺序由学生决定，害怕发言的可以排在最后，多一点时间来思考。因为其中五六张上的引文是一样的，他们可以听到先发言的其他人的评论，所以即便他们没有什么可说的，至少也可以肯定、补充或反驳其他同学的评论。这项练习可以给每个学生创造发言的机会，又不会让他们有压力，不自信的学生也可以树立信心，为后续的发言做好准备。

为了培养学生的批判性阅读和写作能力，教师选择的引文应该：

- 含有假设（首先是因果型假设，其次是规范型假设，最后是范式型假设）。
- 含有在明显或不明显的数据的基础上所做的推断（合理或不合理）。
- 显示能否恰当地利用释例。
- 包含不一致和矛盾的地方。

随着课程学习的不断深入，可以逐渐增加材料的长度、广度和深度，从段落到一整页，从一章到整本书，从只着眼于一个观点的著作到同时介绍多个观点和角度的作品，再从一个理论学派到整个领域。

给出具体的反馈

批判性学习的教学中，最重要的是对学生的写作给出具体的评价反馈。当然，随着班级越来越大，巨大的压力已经成为教师们的家常便饭，再让他们为单个的学生提供具体的反馈，似乎有些残酷和冷血。不过，让学生养成思考几个简单的问题的习惯，有助于提高他们批判性阅读的能力。尤其是，要让学生意识到，他们习惯于对材料进行宽泛的、站不住脚的归纳概括，很多所谓的文献批评不过是笼统草率的结论，是学生从二手的解释材料或同学那里摘抄拼凑而来的，根本没有引证和文献标记，根本找不到可以支撑其结论的证据。一旦学生看到教师反复提问下列问题，他们立马会养成在写作中先下手为强的习惯：

- 可以用文中具体的一段引言或一个句子来阐述你的意思吗？
- 作者在文中哪个地方提出了这个观点？
- 可以从作者没想到的其他视角来解释这一数据吗？
- 似乎你在此处找到了一个假设，它是因果型假设、规范型假设，还是范式型假设？
- 你为什么认为作者的这一论证很有力？
- 你在这一段的评论似乎与上一段的相互矛盾，能再解释一下你认为两者不矛盾的原因吗？
- 你这一段的句子好像前言不搭后语，能说明它们之间的关联吗？
- 我理解不了你在这里的意思，能重新组织一下语言，让意思更清楚吗？

最后，每次作业结束时，针对学生研究的材料，向他们提问至少两个问题，也能让学生从中受益。具体是什么问题事先不要说明，如果学生提交的作业没有包含这些问题的话，将被视为没有完成。问题可以很简单，如解释某句话的意思，也可以很难，如指出未来的研究方向或某个分析框架的错误应用。

同伴学习

如果批判性思维可以采用社会学习的方法，让同伴相互指出对方的假设，从对方忽略的角度进行解读，那么批判性写作也是一样的。我建议，条件允许的话，可以把批判性写作分为两个步骤，先让学生相互评价初稿，再把终稿交给老师批改。不过，一个明显的难题是，学生通常不愿意相互给出负面的评价，结果，他们通常给出的主要是正面的评价，很少提及负面和中性的部分。如果让学生们相互批判评价对方的初稿，要具备两个条件：第一，教师要亲身示范（我将在下一节中具体解释这一点）；第二，学生们需要十分具体的方法和模板。下面是我推荐的一个同伴批评的模板：

示例 6.2　同伴批评

你的任务是给学习伙伴提供具体的反馈，评价他们的写作多大程度上体现了批判的方法。在同伴的初稿中，请标出下列部分：

1. 你最能理解他想表达什么意思的三个句子。
2. 你最不能理解他想表达什么意思的三个句子。
3. 释例最能准确解释结论的一个句子。
4. 释例最不能准确解释结论的一个句子。
5. 伙伴说明了其对材料所做的一个假设的一个句子或段落。
6. 伙伴未能说明其对材料所做的一个假设的一个句子或段落。
7. 伙伴提供了他认为对材料所做的准确解释的一个句子或段落。

8. 伙伴未能从另一个视角解释材料的一个句子或段落。

9. 伙伴在数据的基础上做出最准确的推断的一个句子或段落。

10. 伙伴在数据的基础上做出最可疑的推断的一个句子或段落。

11. 伙伴立论时过渡最清楚的一个句子或段落。

12. 伙伴立论时过渡最不清楚的一个句子或段落。

教师示范

教师在教批判性阅读和写作时，一个最有用的方法就是亲身示范，要是团队教学的话，会更容易些，教师们可以采用上一节介绍的方法，在学生面前进行亲身示范。当我采用这一方法时，学生在《关键事件调查问卷》中给出了一堆评论，认为这是课堂上最有趣和有益的环节。如果教师们能相互指出对方哪里的过渡不清楚，哪里的推断值得怀疑，哪里的例子不恰当，哪里的假设被忽略了，等等，对学生的帮助会更大。

然而，大多时候我们都是一个人教学，所以我们得通过自我评价的形式来示范。说到这里，我算是幸运的，因为我可以选择自己发表的文章或章节，以第三者的眼光来分析。其实，第一次让一群学生来分析我的文章或章节的时候，我会把自己的名字抹掉，这样他们就不知道作者是我了。在我给出自己的评价后，会让学生给出他们的评价，他们会更无拘无束，因为他们不知道批评的作者就是我。

网络技术的崛起让批判性写作的示范变得更为容易了，我们不仅可以拿自己的作品当材料，还可以给出自己的批判评价。示例 6.3 是我采用的一个例子——《成为批判反思型教师》（Brookfield，1995）第一页的初稿。

示例 6.3　批判性阅读示范

教学是为了改变这个世界，我们之所以帮助学生学习，是希望这样能为他们以及周围的世界带去热情、理解和公平。而我们增加爱和公正的努力从来不是简单、含糊的。然而，我们眼中民主、尊重的待人方式可能被学生理解为压迫和束缚，最让教师们感到难过的是，他们虽然真诚，但并不能保证他们的实践是纯粹的。文化、心理和政治让学习变得更加复杂，权力也增加了人与人关系的复杂性，这一切都说明，教学绝不能是单纯的。

单纯的教学是指，我们总是以为自己知道在做什么以及这样做的结果，以为学生总能准确无误地从我们的教学中理解我们想传达的意思，这样的教学要么是幼稚的，要么会招来悲观情绪、负罪感和怠惰。我们并不完全知道自己在做什么，总是误解别人对我们的行动的理解，如果不以批判的眼光审视自己的教学，那么我们很可能一生都会沉浸在挫败之中。没有什么是必然的。一旦无法收拾残局，我们就会以为自己没有能力。

我们要打破单纯和自责的恶性循环，这也是批判反思的习惯对教师们的存在如此重要的一个原因。没有批判反思，我们很容易会为不是自己造成的问题而感到自责，我们会以为学生抵触学习是因为我们反应迟钝、准备不足。一看到学生对我们教学的负面评价（通常只是极少数学生），立即得出自己是无可救药的失败者的结论。一旦我们眼中民主、尊重的待人方式被学生和同事理解为冷漠和压迫，就会意志消沉。批判反思可以避免我们掉入情绪低落和自我撕裂的陷阱中，也许它不能帮助我们推销自己，给我们带来很多朋友，但它可以让我们精神饱满地上课，增强我们的使命感，让我们的教学更见成效。

1. 你最能理解作者想表达什么意思的三个句子。

单纯的教学是指，我们总是以为自己知道在做什么以及这样做的结果。

我们眼中民主、尊重的待人方式可能被学生理解为压迫和束缚。

没有什么是必然的。

2. 你最不能理解作者想表达什么意思的三个句子。

我们之所以帮助学生学习，是希望这样能为他们以及周围的世界带去热情、理解和公平。

而我们增加爱和公正的努力从来不是简单、含糊的。

文化、心理和政治让学习变得更加复杂，权力也增加了人与人关系的复杂性，这一切都说明，教学绝不能是单纯的。

3. 释例最能准确解释结论的意思的一个句子。

一看到学生对我们教学的负面评价（通常只是极少数学生），立即得出自己是无可救药的失败者的结论。

4. 释例最不能准确解释结论的意思的一个句子。

一旦我们眼中民主、尊重的待人方式被学生和同事理解为冷漠和压迫，就会意志消沉。

5. 作者说明其对材料所做的一个假设的一个句子或段落。

以为学生总能准确无误地从我们的教学中理解我们想传达的意思。

6. 作者未能说明其对材料所做的一个假设的一个句子或段落。

但它可以让我们精神饱满地上课，增强我们的使命感，让我们的教学更见成效。

（这是一个因果型假设，被作者伪装成了经验事实。）

7. 作者提供他认为对材料所做的准确解释的一个句子或段落。

这样的教学要么是幼稚的，要么会招来悲观情绪、负罪感和怠惰。

8. 作者未能从另一个视角解释材料的一个句子或段落。

教学是为了改变这个世界，我们之所以帮助学生学习，是希望这样能为他们以及周围的世界带去热情、理解和公平。

（很多教师根本没想过这一点，只是想让学生弄懂材料而已。）

9. 作者在数据的基础上做出最准确的推断的一个句子或段落。

我们会以为学生抵触学习是因为我们反应迟钝、准备不足。

10. 作者在数据的基础上做出最可疑的推断的一个句子或段落。

批判反思可以避免我们掉入情绪低落和自我撕裂的陷阱中。

（作者似乎说出了一种明显的因果关系，其实只是他自己的偏见。）

11. 作者立论时过渡最清楚的一个句子或段落。

单纯的教学是指，我们总是以为自己知道在做什么以及这样做的结果，以为学生总能准确无误地从我们的教学中理解我们想传达的意思，这样的教学要么是幼稚的，要么会招来悲观情绪、负罪感和怠惰。我们并不完全知道自己在做什么，总是误解别人对我们的行动的理解，如果不以批判的眼光审视自己的教学，那么我们很可能一生都会沉浸在挫败之中。没有什么是必然的。一旦无法收拾残局，我们就会以为自己没有能力。

12. 作者立论时过渡最不清楚的一个句子或段落。

教学是为了改变这个世界，我们之所以帮助学生学习，是希望这样能为他们以及周围的世界带去热情、理解和公平。而我们增加爱和公正的努力从来不是简单、含糊的。然而，我们眼中民主、尊重的待人方式可能被学生理解为压迫和束缚，最让教师们感到难过的是，他们虽然真诚，但并不能保证他们的实践是纯粹的。文化、心理和政治让学习变得更加复杂，权力也增加了人与人关系的复杂性，这一切都说明，教学绝不能是单纯的。

(这段话明显表达了六个意思：教师们想改变这个世界；实现这一点需要创造热情、理解和公正；教学一点都不简单；教师以为自己很民主的时候，实际上是在束缚学生；真诚无法保证纯粹性（不管这句话是什么意思)；教学的复杂性在于它一点都不单纯。作者只是简单地罗列，中间几乎没有关联和过渡。另外，这段话的很多结论是笼统草率的，缺乏证据的支撑。同时也下了不少论断，例如，“民主的教学可能是对学生的束缚”，缺乏进一步的解释。最后，这段话对老师该怎么做做了无数的规范型假设，而作者并未做出明确的说明。)

小　结

本章中，我主要分析了批判性思维在学生写作中的体现，指出第三章中的学生反馈也适用于批判性写作。批判性阅读、批判性写作和批判性思维是不可分割的。在批判性写作中，学生被迫要想清楚自己的立场，选择哪些论点最可信。三者都应采用渐进式的学习方式，从小组学习到教师的亲身示范。下一章，我将进一步探索如何设计批判性写作的课程作业，以及如何把批判性思维融入课程设计。

读书笔记

第七章　融入不同课程的批判性思维

在北美地区各大高等学府的教学宗旨中，有两个目标令人瞩目：一个可以说是公民参与，即把学生培养成能肩负起捍卫民主使命的公民；另一个则是批判性思维。而在我的母校圣托马斯大学，二者是相互交织的，批判性思维被当作承担促进公共利益的道德责任的要素之一。考虑到批判性思维在各大高校饱受赞扬，我们可以得出一个合理的结论：不同学校、院系和课程的老师应承担起共同的使命——把学生领进批判性思维的大门。

然而，这一假设存在一个问题，即我们在第二章中讨论过的问题：尽管教学生批判性思考是老师们共同的使命，但不同的院系和课程对批判性思维有着迥然不同的理解和实践，理科把批判性思维当作熟练地提出假设和检验假设的能力，文科则把批判性思维视为辨别意识形态操纵的能力，两者大相径庭。因此，如果要培养不同学科学生的批判性思维，首先应该确保不同学科的教师和学生对批判性思维的认识是统一的。

第一章给出了统一认识的基础，指出不同学科的批判性思维包含四项一样的心智活动：（1）辨别左右我们思维和决定我们行动的假设；（2）查验假设的准确性和可靠性程度；（3）从多个角度审视我们的观念和决定（知识的、组织的、私人的）；（4）在以上三步的基础上，采取明智的行动。另外，第一章还将假设分为三个基本类型：范式型假设、规范型假设和因果型假设。在本章中，我将在这个统一认识的基础上，探索如何将批判性思维融入不同学科的课程设计中。

我的设想是，如果把对批判性思维的统一认识嵌入到不同的课程中，学生将会从中受益。不同学科的教师采用同样的用语，也能让学生意识到批判性思维在不同学科中的核心地位，而且也能让教师们跨越不同学科的鸿沟进行交流，如果学生看到不同学科的教师对批判性思维的认识是统一的，也更能明白培养批判性思维正是高等教育的意义所在。相比于明明说着一个术语——批判性思维，却对它有着不同的认识，统一认识更方便学生理解。

系统性

在思考如何将批判性思维融入不同的学院和课程之前，我们需要先考虑如何在整个系统的基础上突出批判性思维的重要性。不妨从学校的教学宗旨开始，也就是说，将培养批判性思维定位为学校的核心目标。由于各学院和各系的教学目标是在学校的教学宗旨的基础上制定的，很显然，我们需要给批判性思维下个统一的定义，方便各学院和各系借鉴。其中一个定义如下：

批判性思维指的是让学生明确意识到两类假设的过程：一类是让学生查明学者在专业领域内所持有的有关如何创造和发展正规知识的假设；另一类是让学生查明左右他们自己的思维和行动的假设。批判性思考要求我们查验自己和他人所持有的假设，评估与假设相关证据的准确性和可靠性，从多个角度审视我们的观念和行动。一个能批判性思考的人更有资格采取明智的行动，也就是以证据为基础的更有可能达到预期效果的行动。

统一定义之后，就可以将其用于各系的宣传材料、课程介绍和教学大纲中。但是，各学院和各系对满足上述目标的能力要求各不相同。关于第一类假设——研究领域内学者们有关如何创造和发展真知的假设，不同的学科有着不同的要求。生物化学课要求学生理解为什么实验设计可以统一采用某些方法，摄影课鼓励学生探究该领域审美标准的变化，护理专业的临床实习课希望学生了解全美护士联合会的护理教育标准，社会学课程则可能要求学生考虑为什么解释社会体系功能的理论框架会不断变化。

不同院系的课程介绍和教学大纲采用的都是前面的统一定义，但具体的表现——如何认定和评估学生实际的学习效果，则各不相同。不用说，批判性思维一定会要求学生，不仅要了解学科标准和框架的起源与发展，也要能加以批评。这就要求学生能阐明自己对看似最合理的知识的见解，并解释相应的原因，同时也要求学生辨别特定框架的存在服务于哪些人的利益、损害了哪些人的利益。

至于第二类假设——学生对自己的思维和行动的假设，不同学科的用语却极为相似。不论学生学的是物理、神学、药理，还是心理，都无关紧要，因为这些领域的学生对他们研究的问题都会存在假设，他们的活动，不论是学术活动（如选择某个证据、理论框架或实验方案），基于实验的应用活动（如采用某种诊断方法、临床方案或会谈形式），还是社会政治活动（如加入社会主义联盟或大学的共和组织、致力于废除污染控制法案，或在世贸组织会议期间组织游行），都是受其假设影响的结果。

示例：食品和消费科学专业的批判性思维

有一个具体的例子，是我 2003 年给爱荷华州立大学食品和消费科学专业提供的有关批判性思维的一般性定义。

> 生活就是一连串的选择，有些选择无关紧要，有些选择却很重大。和谁约会、交朋友，选什么工作和职业，支持哪个候选人，吃什么，住哪里，买什么消费品，跟谁结婚，怎么养孩子——这些决定都是在假设的基础上做出的。我们假设自己的朋友靠得住，不会在背后说三道四，假设我们选择的职业会给我们带来满足感和可观的收入，假设我们投票支持的政客会把我们和社区的最大利益放在心上，假设我们吃的食物是健康的，等等。

这些假设有的是对的，有的根本没有经过检验。有时候我们之所以持有这些假设，是因为我们尊敬的人（朋友、父母、老师、宗教领袖）告诉我们这是对的。有时候我们相信这些假设，却说不出它们是从哪里来的。为了在生活中做出正确的决定，我们要确保这些假设是准确、可靠的，换言之，我们要确保这些假设适用于我们所面临的情况和选择。

批判性思维是指我们发现和检验自己的假设的过程。首先，我们要找出自己的假设。有的假设我们已经知道（显性假设），有的我们并不知道（隐性假设）。为了寻找隐性假设，可以请别人（朋友、家人、同事）从不同的视角来审视我们以及我们的行动。有时候，读书、看视频、到国外旅行、上大学、实习等新体验也可以帮助我们发现自己的假设。一旦了解了自己的假设是什么，就可以开始第二步——检验假设，确定这些假设是否准确、可靠。为了做到这一点，我们也需要多方收集信息——和有相似经验的人谈谈，阅读相关的文献，浏览可靠的网站，咨询专家，等等。第三步是把前两步付诸实践，将分析结果运用到自己的决策中。基于批判性思维的决策可能更可靠，更可能取得预期结果。

总的来说，批判性思维可以分为三个相互关联的步骤：

1. 发现影响我们的决定、行动和选择的假设。

2. 从尽可能多的角度和视角思考，检验这些假设的准确性。

3. 在经过检验的假设的基础上，做出明智的决定。

（明智的决定是基于可靠的证据而做出的，可以向他人解释，也更可能实现预期结果。）

全院或全校范围的新生批判性思维培训

几年前，美国教师联合会主办的期刊——《美国教育家》在封面上用加粗的大写字母赫然问道："批判性思维可以教吗?"它给出的答案是——"并非你想的那样"。封面文章提出了一个人人熟知的观点——"没有事实内容的批判性思维教学是毫无意义的"（Willingham，2007，p. 10）。简单总结一下，威灵汉姆认为，学生只有完全掌握了第二章提到的学科规范，才能多角度审视一个问题或者知识领域，解决问题，做出推断，评估证据的准确性，等等。重述一遍，学科规范包括一个学科的内在规则、核心概念以及判断标准。另外，威灵汉姆还提出，批判性思维与专业知识密不可分，很大程度上取决于具体情况，因此，学生可以在一个领域内批判性思考，但到了另外一个相似的领域，就不行了。他举出的例子是，学生能学会从英国和美国两个角度来看待美国独立战争，但却不能进行迁移，无法分别从德国、意大利或日本的角度来看待二战。这篇文章最后得出结论：脱离具体的学术领域来教批判性思维是毫无意义的，这一结论使北美地区的数千门批判性思维课程受到质疑。

我相信，威灵汉姆的第一个结论是正确的，批判性思维的学习和实践的确需要结合专业知识，但他的第二个结论是不成熟的。我认为批判性思维课程是恰当的，不一定要局限在某个学术领域，还可以结合学生的现实生活。批判性思维课程可以着眼于学生的亲身经历，比如他们进入大学或迈入青年时期面临的挑战和困难。

一方面，学生意识到青少年时期学到的"生活真谛"存在局限性，不能成功地指引他们度过大学时期；另一方面，他们第一次摆脱父母的束缚，要独立做出决定和选择，并承担相应的后果，克服孤独，觉得除了自己别人都在交朋友，决定选哪门课，花多少时间学习，去哪儿学习，如何适应和初次见面的室友一起生活，什么时候喝酒，喝多少——都需要学生在自己的假设的基础上做出选择。所以，批判性思维的入门课程可以以学生刚刚走入大学的亲身经历为素材，包括他们的假设、检验这些假设的方法、对眼前情况的认识，以及解决问题和采取行动的方法。

大部分大一新生入学时都得上指导课程，这种课程帮助学生适应大学生活、了解自己对学习的期望、熟悉走向成功所需的学习技巧。这类课程通常涉及时间管理、团队合作、工具书阅读、笔记法、考试准备、大学写作、剽窃抄袭以及批判性思维。除了学习技巧以外，也会涉及如何利用校园资源、理财、沟通技巧、多样化生活、保持健康的生活方式以及平衡社交和学习生活。

我建议，把批判性思维作为核心目标的学校，设置强制性的新生批判性思维培训课，帮助学生掌握第一章介绍的基本方法。在这门课上，可以把批判性思维定义为我们通过多角度思考，寻找左右我们的理性、决策和选择的假设的过程。这门课程可以融入新生启导课的大部分内容中。刚开始，可以让学生做一些有实际意义的情景分析练习（配合第三章介绍的方法）——情景中的主人公需要做出理财决策，应对他看到的抄袭现象，学会劳逸结合，为高难度的考试做准备，应对亲眼目睹或亲身经历的种族歧视或性别歧视，改善与主要老师的关系，等等。

每个情景分析中，和批判性思维的练习一样，学生也需要回答三个问题：人物有什么假设？他可以怎样检验假设的准确性和可靠性？可以通过哪些不同的角度解读这个情景？学生们完成练习（先单独完成，再分小组完成）后，要求他们指出发现的范式型假设、规范型假设和因果型假设，和同学分享不同视角的解读方式。然后，按学科把学生分成小组，这样，同样学习自然科学、公共事业、商科、艺术、人文学科和社会科学等专业的学生可以在一起交流。在这样的小组基础上，可以让他们做第五章介绍的中级练习，包括危机决策模拟、范例和瑕疵、批判性辩论，等等。这门课程非常宝贵，可以让新生（和家长）、毕业生以及未来的捐赠者明白批判性思维的重要性。

设计批判性思维的案例

各学院和各系采用批判性思维的统一定义之后，下一步就是考虑如何设计一个批判性思维的案例，向教师和学生明确展示批判性思维的实用性。批判性思维的重要性常被说成是不言而喻的，根本无须解释。在第四章中，我指出这么做是错误的，简单概括了一些设计案例的方法。在第一章中，我提到批判性思维帮助我摆脱了抑郁症，也是为了说明它的重要性。下面，我将更详细地讨论这个问题，介绍一个六步走的方法，帮助教师为不熟悉批判性思维或对批判性思维存疑的学生设计案例。

第一步：了解学生文化

这一步在所有的教学中都是显而易见的，可常常被忽略。通常，我们越了解自己的学生，就越能应对他们表现出的抵触。如果能了解学生的价值观、期望、个人经历和偏向的学习方式，我们就能相应地调整自己的教学方法、作业和评估形式。我们越了解这些信息，就越可能找到符合学生心意的材料和方法，帮助我们设计更符合情况的学习案例。

随着社交媒体的出现，学生的兴趣、喜欢的和不喜欢的都公开了，了解学生文化变得更加容易。尽管随着年龄的增长，我和学生之间的距离越来越远，但我还是可以利用公开的社交媒体，了解学生们最喜欢的音乐、电视剧、体育运动，甚至是他们之间的脏话。我认识的一位老师曾要求学生向她推荐他们最喜欢的电视剧，许诺在一个学期内看完排名最靠前的几部。她这么做的目的是搜集素材，以便学生接受她的理念。这一方法不一定适用于所有的学科和课程，但随着越来越多的面授课开始采用新科技，在 WebCT、Blackboard 等网络学习平台上展示学生的作品已是司空见惯的事。结果，早在第一节课之前，老师们可能已经了解了自己的学生以及他们以往的学习情况。

当然，有大量的理论提倡文化相关教学法、文化情境教学法、文化敏感教学法和文化回应教学法（Ginsberg & Wlodkowski，2009；Gay，2010；Herre，2010；McKinley，2010），它们的核心目标是以学生母文化中的技巧和能力为素材，鼓励学生采取行动解决社会不平等和政治不平等。文化回应教学法鼓励教师尽量了解学生的社区——参加他们的社区活动、棒球比赛、文化节以及任何能帮助教师发掘素材、将学生的经历和教学材料联系起来的活动。针对高等教育如何将批判性思维与学习者的用语和经历联系在一起，在保罗·弗莱雷的研究基础上，艾拉·肖尔及其同事也做了出色的研究（Shor，1987；

Shor & Pari，1999；Pari & Shor，2000；Souto-Manning，Ayers & Shor，2010）。

随着教师们的生活越来越忙碌，《美国新闻和世界报道》的大学排名越来越重要，教师们可以名正言顺地声称，如果周末去学生的社区深入体验，就没时间过自己的生活了，没有时间照顾和放松自己的心灵。还要去教越来越多元化、人数越来越多、学生的身份文化越来越重要的课，一定会让教师们精疲力竭。不过，若是教师能把了解学生文化变成自己生活的一部分，绝对会获得丰厚的回报。无论何时，只要教师指出学生需要批判性思维来应付生活中的具体情况，都会凸显批判性思维的重要性。

第二步：抵触者代言

试图让学生相信批判性思维的重要性的过程中，我们本身就有一个劣势——由我们来说明它的重要性，会引起学生的质疑。学生可能会说："你当然会跟我们说批判性思维很重要，不然，你怎么靠教它谋生！"可如果让以前抵触学习批判性思维但后来意识到其价值的学生来代言，就会显得可信。第一节课不妨邀请三四个几年前上这门课但很抵触的学生来发言，可以有效预防学生早期的抵触。让以前的抵触者代言，远比我们自己的呼吁有效。

第三步：实地参观

在培养学生为现实工作做准备的技能课上，带领学生进行实地参观，让学生们看到批判性思维如何帮助人们做好工作，能很好地体现批判性思维的实用性。无论是公共事业（如教育、社会工作、护理、刑事司法）和商业领域，还是教专业技能的职业学校（信息技术、传媒艺术、酒店业等），都高度重视学习内容在现实生活中的实用性。教师大多是客座的，被聘用是因为他们的职业经验。这样的课程往往都会以真实的案例作为素材，聘用客座讲师也是为了让学生看到课堂学习与现实工作的联系。此外，有时也会安排实地考察和实习，帮助学生把技能培养和未来的职业联系起来。

当然，除非从事这些工作的人能公开展示他们的批判性思维及其在工作中的作用，否则实地参观也毫无意义。如果批判性思维不能得到展示，那些人无法让参观的学生看到它的存在，它就只能成为课堂上的空谈。因此，实地参观必须经过精心的筹备，事先告诉工作人员和相关人员如何把他们的批判性思维展示给参观者。例如，在驻院实习培训中，接班的医生可以大声说出影响他们的诊断和治疗的假设，综合个人的经验、同事的经验及病人的反应来检验这些假设，也可以让学生和同事从不同的角度解释病人的情况，给出不同的治疗方案。

第四步：实景模拟

在第五章中，我们已经介绍了一种模拟情景——危机决策模拟。如果你还记得的话，它的情景十分戏剧化：一群学生躲在一座抗辐射的穹顶建筑里，要决定放哪个幸存者进去（写那一章的时候，2011年的大海啸刚刚袭击了日本，导致福岛第一核电站发生了核泄漏，使这个情景显得很有现实意义)。但这里要介绍的模拟情景与危机决策模拟不同。

为了让学生意识到批判性思维的重要性，这样的模拟情景应该基于学生的现实生活。如果是成教学生，可以让他们想象一个情景，情景中，他们需要平衡不同的责任和义务（家庭、工作、朋友、教会、社区）。如果是普通的学生，也可以着眼于他们在学校里经常面临的困境，例如：

- 看到朋友酗酒或怀有种族歧视，是否要介入，何时介入，怎么介入。
- 与朋友的友谊阻碍了你的学习，需要确定对朋友的友情会付出什么代价。
- 发现抄袭行为，不管是直接抄你的作业，还是对你造成不利，该怎么应对。
- 你的学校里大多数学生是白人，而你属于少数种族，要怎么应对轻微的种族歧视。
- 选专业时，是选感兴趣但就业前景不好的专业，还是选不感兴趣但容易找到工作的专业。

首先，让每个学生单独想出尽可能多的答案，然后把学生分成小组，相互分享他们的答案以及原因，这至少能教会学生如何从不同的角度解读同一个情景。接着，要求学生找出不同答案背后的假设，确定哪些经过检验、哪些未经检验，同时要求他们分析不同答案的相关证据，确定哪些证据纯粹是他们的个人经验。

当学生看到多少左右他们答案的假设都是未经检验的，以及他们多么依赖自己的经验，他们就能亲身体会到不进行批判性思考的危险所在。当模拟情景中的信息只需简单的检验就可以揭开，学生将意识到他们的很多决定都是未经批判性思考就做出的，而这是十分危险的。这种模拟往往会突出社会化、主导意识形态、文化等因素的地位和影响。

第五步：亲身示范

大学教学中常被忽略的一个环节是教师们经常的亲身示范，学生们常被告知某项任务或学习活动对他们有益，但从未看到教师们有所示范。譬如，我在教学生涯中曾多次犯过同一个错误——上第一节课时，我走进教室，告诉学生们我相信讨论和团队合作的作用，跟他们解释它的益处在哪里，然后把不同的话题分发给学生，把他们分成讨论小组。但这样做忽略了一个至关重要的元素——亲身示范，亲自加入学生的讨论中，而我只不过是在给他们开药方。

作为教师，只有先给学生认真示范了，我们才能要求学生去学习效仿，批判性思维也是如此。我们告诉学生批判性思维对他们有益，要想让他们相信我们，就得让他们看到批判性思维也让我们自己受益匪浅。第三章提到，学生一再强调教师示范批判性思维的重要性，第十章更是专门探讨这一点的，所以我建议大家多读读这两章。

第六步：奖罚一致

鼓励学生参加自己重视的活动，但却不对参加的学生予以奖励，再没有什么比这种做法更能糟蹋教师的一番好意了。明白了这一点以后，我彻底改变了想法，开始根据学生的课堂讨论给他们打分。过去很多年，我主要依靠课堂讨论来教学，但根据学生的论文质量给他们打分。不出所料的是，学生们的讨论暴露出一个严重的缺点——90％的讨论都被几个天生外向的话痨（自大狂）给承包了。意识到学生们的参与取决于讨论是不是跟考试挂钩以后，我制定了《讨论参与评分量规》，规定了各种代表积极参与的行为，例如：

- 提问或评论，表明你对他人说的话感兴趣。
- 提问或评论，鼓励他人把话说得更详细。
- 引用课程大纲没有提到，但可以提供新的信息和角度的资源（阅读材料、网址、视频）。
- 做出评论，明确指出两人观点之间的联系。
- 在课程聊天室中发布评论，总结相关的对话或者提出可供未来探讨的新方向和新问题。
- 做出评论（可以是网上评论），表明你觉得他人的观点有趣或有用，尽量说明具体原因。
- 在他人观点的基础上提出新观点，说明借鉴了他人的哪些观点——可以在网上进行。
- 在他人提出的观点的基础上，对讨论中反复出现的话题进行总结（可以在网上进行）。
- 提出一个因果问题，比如，“你能解释一下，为什么你觉得这些情况会导致这样或那样的结果吗？”
- 说明你从讨论当中受到的启发，具体说明哪些启发让你对什么有了更好的认识，也可以在网上进行。

同样的逻辑也适用于给批判性思维打分。学生需要知道这门课的奖罚机制是什么，怎么参与才能得分。

下面是几种可能的形式：

小组讨论：可以根据学生说明自己或他人假设的能力来评定，包括对同一现象能给出几种不同视角的解释，能否区分因果型假设、范式型假设和规范型假设。

讲课：可以利用表决器和投票问题来评价学生的批判性思维能力，讲课人可以提出一个问题或给出对某个问题的一个解释，然后就影响这一问题的解决方案或其解释的假设提问。要求学生投票选择自己认为最准确的假设，向全班展示最终结果，接着全班讨论或组成小组各自讨论——为什么某些假设的选中率更高。

这样，即使是几百人的大班，教师也能将批判性思维融入课堂之中。另一种方法是，讲课人提出一个问题，要求学生组成小组讨论，最后在电子白板上提交答案，因为是匿名的，讲课人可以指出学生的思路错误，而不伤及他们的自尊。

小组活动：可以指导学生分成小组，训练批判性思维。一种方法是，要求学生思考一个问题，给出尽可能多的解决方案，小组展示结果的同时，要提供一个假设清单，列出他们的解决方案背后的因果型假设、规范型假设和范式型假设。要想更有效，可以告诉学生他们的任务是提出问题，这样，学生不必再去思考答案，而可以全力指出与话题相关的问题。

但是，最有效的方法莫过于有意把批判性思维的内容嵌入每一个课程单元和每一项课程作业。

把批判性思维融入具体的课程任务

这一节，我们将探讨如何在实战中检验学生的批判性思维，换言之，教师把具体的批判性思维要求嵌入课程任务，学生开始意识到这将贯穿整个大学阶段。刚开始，要把握好难度，这主要取决于学科的知识和学生的基础。通常情况下，第一次接触一件事的时候，学生很难对它进行批判性思考，对于初学者、非专业以及第一次接触相关材料的学生，更难让他们去发现和检验自己对一个学科的假设。不过，即使是入门课程，也可以安排一些任务，帮助学生养成寻找假设的习惯。

把批判性思维引入课程大纲

学期伊始，应该在课程大纲中明确说明批判性思维，让学生了解这门课的教学目标。本书前面已经提到这类说明中应包含的要素，主要包括：（1）辨别左右我们的思维和行为的假设；（2）检验这些假设多大程度上是准确、可靠的；（3）多角度审视我们的思维和行为；（4）在前面的基础上，做出明智的行动。除了明确说明批判性思维的定义以外，还要举出一个与课程内容相关的例子，帮助学生更好地认识这门课中的批判性思维是什么样的。

建立与批判性思维的联系

解释每个单元的课程范围和课程目标时，应尽量联系批判性思维，即便该模块主要是由教师向学生灌输知识，还是可以向学生说明，只有先经过这种“填鸭式”的信息灌输，后期才能对你提供的材料进行批判性思考。当然，如果是直接传授和应用批判性思维的课程，那么毫无疑问，每个模块都得明确地与批判性思维联系起来。

该模块的学习开始后，需要注意两点：首先，教师应提供一个平行的例子，示范如何将批判性思维应用到本单元以外的相近内容中，这样可以帮助学生将批判性思维迁移运用到本单元中，而不是简单地提供一个样板让学生照搬照抄；其次，教师应该提供至少一个例子，演示如何将批判性思维应用到讲过的类似内容里，这样能凸显它与本单元的关联性，同时也能让教师亲身示范自己是如何应用批判性思维的。

布置与批判性思维相关的作业

如果要将具体的作业与学生的批判性思维实践联系起来，可以要求学生回答下列问题：

- 某个材料、证据、定理、现象解释、新概念或猜想背后存在什么明显的因果型假设、规范型假设或范式型假设？
- 你对某个话题的分析背后存在什么因果型假设、规范型假设或范式型假设？

- 你最重视哪个证据来源或权威来源？为什么？
- 在你完成作业所使用的资源中，包括网络、工具书、同学的笔记、课堂内容、课程讲义、同学讨论，等等，哪种资源最有用？为什么？
- 你刚学习的知识或技能有什么实际的用途？如何帮助你应对现实生活中的具体情况和问题？
- 本单元中包含的刻意错误（教师刻意在每个单元、练习和模块中留下的错误）是什么？为什么这么认为？这个错误的哪一点引起了你的注意？

将批判性思维记录嵌入具体的任务

第三章提到，教师在讲课和讨论过程中经常提供批判性思维记录，能让学生受益匪浅。所谓的批判性思维记录是指教师或学生（本节中）在练习、学习或上课过程中做出短暂的停顿，简要说明自己的想法，下面是六种不同的记录：

记录一

到目前为止，哪些假设属于因果型？

到目前为止，哪些假设属于规范型？

到目前为止，哪些假设属于范式型？

记录二

这项研究让谁受益?

这项研究损害谁的利益?

这一领域的权力是如何行使的?

记录三

哪一点需要进一步研究?

哪一项证据最值得怀疑?

哪些假设无法被充分检验?

记录四

哪些假设已被证实?

哪些假设已被质疑?

发现了哪些新的假设?

记录五

哪项证据最容易获得?

哪项证据最准确?

这项学习内容有何现实意义?

记录六

这项研究忽略了谁的观点？

对这项研究可能有什么不同的解释？

你对这项研究存在什么道德疑问？

批判性思维记录有三种形式：（1）单元记录，专门针对某块知识；（2）期中记录，方便教师在学期中间了解学生的水平；（3）结课记录，让学生回顾学过的内容。虽然不同的课程和科目有不同的记录方法，但它们关注的核心能力是一样的：学生能否寻找假设？能否判断相关证据的准确性和合理性？

最大化顶峰体验

很多学校把顶峰体验定位为四年课程的终极目标，它包括两点：一是学生相比于大一能取得显著的进步；二是经过四年的集中学习后，有机会以最高的水平从事脑力劳动。可在我看来，将批判性思维融入顶峰体验或顶峰计划，无疑是显而易见的选择。通过这样的顶峰计划，学生可以用全新的知识框架来审视他们所熟悉的领域，挖出影响了他们大学四年的假设，抑或写一部思维传记，记录自己对学科看法的变化，以及四年来哪些因果型假设、规范型假设和范式型假设已被证实或推翻。无论是哪种，把批判性思维变成顶峰体验的核心要素，将为大学画上一个圆满的句号。

小　结

本章主要探讨了如何把批判性思维融入大学的整个学习过程中，从新生培训到顶峰体验。既然这么多高校都宣称要培养学生的批判性思维，把它嵌入学生的每个学习阶段应该不会太费事。不过，考虑到批判性思维存在不同的思想渊源（参见第二章），这一过程也不会太容易。好在不同学科的学生有着共同的需要和诉求——发现假设，多角度思考，检验证据的准确性和合理性，这又让不同学科统一对批判性思维的认识完全行得通。

下一章将讨论如何把批判性思维和小组讨论联系起来？批判性讨论是怎样的？如何评估学生的参与度？哪些讨论方法有助于培养批判性思维？批判性讨论中可以提出什么问题？

读书笔记

第八章　批判性讨论

第三章说到，学生反复强调小组学习是学习批判性思维最好的方式。看来，和一组同学一起分析同样的材料，寻找假设，考虑不同的角度，这样会更容易。如果把批判性思维理解成一个社会学习过程，那么，很多教师利用小组活动，尤其是小组讨论来教学，也就不奇怪了。难道讨论小组的成员在一起不是相互质问、挖掘证据、产生不同的观点吗？

毫无疑问，某些讨论的确是这样的，但一群人一起讨论不一定就意味着是批判性思维，实际情况可能恰恰相反——群体思维可能导致小组集体朝一个错误的方向分析。以我参加过的小组讨论为例，由于缺乏批判性的标准，无法判断小组成员的某个观点好在哪里，导致讨论充斥着谎言、成见、半真半假的话和毫无根据的结论，明显可以看出，讨论并不代表着批判性思维。

早在半个世纪前，赫伯特·马尔库塞（Herbert Marcuse，1965）就雄辩地（也有人说是“客观地”）描述了这种不受控制、不加批判的小组讨论存在的问题。马尔库塞指出，对民主存在误解导致讨论小组的组长过分强调每个人的意见都有其价值的事实，为了尊重每个人的意见，他们得表现得像是每个人的意见都有相同的分量。结果，学生只用说一句“这是我的经验”，教师就没有对策了，因为他们不能质疑或反驳学生的生活经验。为了尊重每个组员的人格，组长常不愿意指出他们意见的歪曲之处，更别提直接指出谁的意见是错的。

在马尔库塞看来，小组讨论中的民主包容是指，“愚蠢的见解能和明智的见解获得一样的尊重，被误导的和见多识广的拥有一样的发言权，宣传鼓吹和道听途说能得到一样的容忍，这种纯粹的包容源于一个民主观念——任何群体和个人都不掌握真理，都没有权利定义是非对错”（1965，p. 94）。因此，即使学生是在散播种族歧视的偏见，教师通常也不愿意直接指出，只会拐弯抹角地说一句——一个问题总有各种不同的观点。

还记得有一次上课，一名有色人种学生分享了自己遭受种族歧视的经历，而一名白人学生极力想让发言的学生相信那并非有意的排外，我坚持要定一条基本规则——白人学生要接受有色人种学生回忆起的经历，把它们看成事实（应用了斯蒂芬·里斯基与我合著的《教学中的讨论》（*Discussion as a Way of Teaching*，2005）一书中提到的方法性信念），可那名白人学生告诉我，他觉得教室不再是一个安全的空间，从此以后，我不再听取这名学生的任何意见。

批判性讨论是什么？

这个问题有着不同的答案，有的关注讨论内容，有的关注讨论过程。如果批判性讨论关注的是对讨论内容的批判分析的话，它至少应符合以下条件：

- 组员要全力寻找假设，包括自己的、同学的、老师的和材料的，包括显性假设和隐性假设，也包括因果型假设、规范型假设和范式型假设，甚至包括对权力动态和霸权意识的假设。
- 找出假设之后，着力检验这些假设多大程度上是准确、合理的。
- 确定假设的语境效力，即决定假设是否合理的具体情况。
- 如果结论超出了个人经验的范围，要着力挖掘支撑这一结论的证据。
- 记录推论链的各个环节，尤其是推导出几个组员都认同的结论的环节。
- 尽量从各种不同的角度分析所研究的问题，不排除每个组员的意见。
- 一直对群体思维保持警惕，质疑过早达成的一致意见。

如果批判性讨论关注的是讨论过程，即发言的组织方法，目的是多听取组员的意见，让每个人都有机会发言，还能暂停下来反思和批判性思考，它应符合以下标准：

- 通过合理的组织方法，确保每个人都有发言的机会，不论他们是否愿意参加讨论。
- 设置时间限制或采用其他办法，防止一个人或几个人左右整个讨论。
- 不必立即回应其他人提出的观点，可以停下来反思一会儿，这是批判性思维的必要部分。

- 组员要找出不同观点之间的相似之处和不同之处，指出可能存在的关联。
- 确保权力在小组内流动，不能让一个人或一个小组控制整场讨论。
- 一个组员提出新的观点时，其他人要试着举出相关的例子。
- 把积极聆听看成良好沟通的重要组成部分。

培养批判性思维的讨论练习

本节中，我将介绍一些有助于培养批判性思维的练习，有的关注对讨论内容的批判分析，有的则关注如何听取不同的意见，当然，理想情况下，每项练习一定程度上要二者兼顾。

发言圈

这是我最喜欢的讨论练习之一，常在刚开始引入小组讨论的时候使用。这项练习有两个基本目的：在小组过早地达成一致意见之前，给每个人发言的机会；让学生明白积极聆听的重要性，这样，讨论才能有序进行，学生也可以在别人观点的基础上进行总结性或拓展性发言。

把学生分成五人小组，宣布需要讨论的问题，给每个小组最多三分钟的沉默时间整理思路和思考答案，这段时间里，学生可以思考讨论开始后的发言内容。这段准备时间对致力于激发批判性思维的讨论至关重要，要想让学生做寻找假设和多角度思考这样复杂的事，就得给他们安静地整理和思考的时间。

过了这段时间之后，开始第一阶段的讨论。每个学生最多有一分钟的时间来发言。一个人发言的时候，其他人不得打断，就像不间断的个人独白。虽然讨论中似乎不该有这样的部分，但它对第二阶段至关重要。

每个人发过言之后，进入相对更自由的第二阶段。这时，要制定第二条基本规则——讨论者只能讨论其他人刚才提出的观点，发表对他人观点的看法，而不能详细谈论自己的观点，除非其他人直接要求他进一步阐述自己的观点。

这项练习最大的好处在于，能避免小组内过早地出现“强弱次序”。刚开始上课的时候，那些内向腼腆、不相信学术界、把讨论当成教师压迫和冒犯学生的机会的学生，通常都会保持沉默，他们沉默得越久，就越难让他们开口，而在这项练习中，每个人至少都得发一次言。

圆圈回复

这项练习是由成人教育家艾多拉德·林德门在 20 世纪 30 年代设计出来的，旨在帮助社区团体决定事务的轻重缓急，方便管理。和发言圈一样，它也是为了使讨论参与民主化，促进连续性，让人养成礼貌聆听的习惯。讨论时，讨论者围坐成一个圆圈，可以看到彼此，最理想的人数是8～12个。

和发言圈一样，这项讨论也分为两个阶段。第一阶段，决定要讨论的问题和话题，每个人最多有一分钟的时间轮流发言，一个人发言时，其他人不得打断。第一个人发言完毕，发言人左边的人接着发言，但他并不是想说什么都可以，必须对前一个发言人的观点进行评论，以此为跳板，提出自己的观点。他不一定要认同第一个人的观点，可以发表不同的意见，重点是要把第一个发言人的观点当成一个提示。每个人依次发言，直到最终回到第一个发言人，这时，他才能回应前面发言人的观点。第一阶段结束后，进入完全开放的自由讨论阶段，不再受基本规则的束缚，每个人可以就第一个发言人的观点提问，进行解释或者提出新的观点。

通过这项练习，我多次观察到，在第一轮讨论中，每个人在听别人怎么回应自己的观点时，身体都是往前倾的。这实际上是一种线上讨论的方式，被用到了面授课上，但不像网络课程，不用等几个小时甚至几天来看别人的回复和评论。在我看来，圆圈回复不算是入门练习。立即发言来回复别人的观点，常常让讨论者感到高度焦虑，为了缓解这种焦虑，发言人可以思考片刻再回复，不一定要一个接一个不停顿地回复。同时要说明的是，想不出怎么回复时，完全可以实话实说，但要说明自己难以回复的原因：是因为你没有和前一个发言人类似的经验吗？不熟悉他使用的语言或术语吗？还是无法理解他的观点？

粉笔对话

这项练习是史蒂文·雷普——我在圣托马斯大学的企业发展课上的一位学生介绍给我的，而他又是从狐火基金会的希尔顿·史密斯（Smith，2009）那里学来的。粉笔对话是一种无声的讨论活动，参与者不需要说话。大多数时候，我只安排十分钟来进行粉笔对话，算是正式讨论之前的准备活动，也有助于发掘企业成员所关切的问题，然后再讨论如何改变。下面是粉笔对话的流程：

1. 组长在黑板中间画一个圆圈，在圆圈中写出一个问题，例如“布鲁克菲尔德的批判性思维模型背后存在什么假设?”，然后在黑板旁边放几根粉笔。

2. 向大家解释，这种讨论不需要讲话，大家准备好了就可以在黑板上写出自己的答案，也可以对其他人的答案进行回复，对其他人的评论进行提问，回答其他人的问题，画线连接有所关联的回复或对同一问题的不同回答，等等。

3. 大家准备好后，就可以写下答案，回复最初的问题或者后续的评论。这个过程中，有时候会出现长时间的沉默和停顿。

4. 主持人也可以参与进去，画线连接相似或相反的评论，对某个评论进行提问，提出自己的想法，等等。

5. 如果出现长时间的沉默，主持人可以问问大家是不是回答完了，结束以后，可以针对黑板上的内容进行讨论和发言。

我钟爱粉笔对话这项练习，原因如下：它从没失灵过；相比于全班范围的直接讨论，它能产生更多有用的观点和想法，通常，在十分钟的粉笔对话环节，超过一半的学生都能写出一些东西，而全班范围的大讨论只有10%的学生参与；它还尊重沉默，让内向的人有时间整理自己的思路。当然，内向的学生可能羞于在众目睽睽之下写东西，可在粉笔对话中，通常是几个人一起在黑板上书写，他们自然不会退缩。

找出错误

这项练习中，教师告诉学生，在讨论过程中，他将有意设置一个错误，可能是他说的事实错误或者误解，可能是附和某个参与者的错误论断，也可能是没有事实根据的论断，没有根据的文章中的观点，甚至是说错一本书的作者的名字。下课时，给学生30秒的时间在纸上写出自己认为的错误（匿名），传到前排，随机打乱，交给教师。教师随机读出几个，然后公布真正的答案，也可以对学生的答案进行评论。随着科技产品的价格越来越低，很快，学生就可以在电子白板上匿名展示自己的答案，全班学生都可以进行评论。

刻意安静

本章前面提到，安静的思考是旨在寻找、验证假设和多角度思考的小组讨论的必要组成部分，而在课堂上实现这种安静的办法就是刻意为之。

每隔15～20分钟，让学生们停止讨论，刻意安静两三分钟，让学生们安静地思考下面列出的一个问题（具体选择哪个问题，取决于讨论进行到哪个阶段）：

- 刚才 15 分钟里哪个观点最重要？
- 刚才 15 分钟里哪个观点最难理解？
- 下阶段最需要讨论哪个问题？
- 刚才 15 分钟里产生了什么新观点或新解释？
- 你对刚才 15 分钟里得到证实的话题持有什么假设？为什么？
- 你对刚才 15 分钟里遭受质疑的话题持有什么假设？为什么？

学生在你发的 3×5 的卡片上写下答案，写完以后，传到前排，随机打乱，由你（或者随机选择的学生）选择几张念出来，这既能成为接下来 15 分钟讨论的素材，又能让你了解学生这一轮讨论了什么。再说一遍，随着科技产品的价格越来越低，学生很快就能通过电子白板来匿名展示答案。

推论阶梯

当讨论的速度放慢下来，学生就可以发现自己正在建造和攀登的推论阶梯，所谓的“推论阶梯”是指从推理到行动的若干步骤。按照北美地区的定义来讲，第一步（第一梯级）是我们对这个世界的认识，包括我们的五官感受到的一切；第二步是从大量的、随机的感官信息中选出一部分——之所以选择“一部分”出来，是因为我们无法处理全部的信息——然后对选出的信息进行解释；在选出的重要信息的基础上构建假设，这些假设帮助我们形成结论和坚定的信念；最后一个梯级是在这些信念的基础上采取行动。

在美国，“推论阶梯”这个词常被归功于克里斯·阿吉里斯（Argyris，2010）和彼得·圣吉（Senge，2006），而我知道这个词则是20世纪60年代在英国读本科期间，得益于英国考古学家克里斯托弗·霍克斯二战前的一部著作（Evans，1998）。在我看来，推论阶梯就是构建一系列的假设，每个假设环环相扣，最终付诸实际行动，就像建造一架梯子，第一梯级（基本假设或范式型假设）决定着第二梯级（规范型假设），第二梯级又决定着第三梯级（因果型假设）。表面看上去，似乎是因果型假设决定着我们的行动，实际上却可以追溯到第一梯级——范式型假设。任何一个梯级出了差错，整架梯子迟早都会坍塌，整个推理链会随之崩溃，这一基础上的行动也会遭遇挫败。

课堂上，我会在黑板或白纸上画一架梯子，包括四个梯级，最下面的是范式型假设，第二级是规范型假设，第三级是因果型假设，最上面的一级是行动。讨论开始后，我告诉学生们，只要在讨论中发现任何显性或隐性的范式型假设、规范型假设或因果型假设，就可以站起来把它们写在相应的梯级里。讨论不会中止，学生们随时可以到讲台上写东西。起初，学生们觉得这很奇怪（毕竟，没有人会在讨论中间站起来，到黑板前写东西），不过，练得多了，他们也就习以为常了。随着手持设备和电子白板越来越普及，学生们坐着就可以完成。

表8.1是推论阶梯的一个实例。假设是在一场会议或者讲座上，本书（或者Kindle版）的读者正在和我讨论一个话题——“教批判性思维最好的方法是什么?”，我能想象到，在我讲课的同时，学生们不断地起身在下面的表格里写出不同的假设。表格中，我已经给出了

几个学生可能想到的假设。

表 8.1　　教批判性思维最好的方法

第四梯级——行动	每次教批判性思维之前，教师们都要亲身示范。 教师评估依据的标准是学生批判性思维的学习效果。 讨论和小组学习是更好的教批判性思维的方法。 学生评估依据的标准是他们的批判性思维技巧。 把批判性思维引入课程时，要循序渐进、步步为营。 团队教学可以方便教师们示范批判性对话。
第三梯级——因果型假设	学生学习批判性思维要靠教师在眼前示范。 批判性思维要循序渐进，慢慢贴近学生的亲身经历。 社会学习、小组学习和讨论学习的效果最好，因为学生们可以相互学习借鉴。 社会学习、小组学习和讨论学习的效果最好，因为学生们可以给出不同的角度和解释。
第二梯级——规范型假设	最好的教师应该亲身示范批判性思维。 最好的课程应该培养学生的批判性思维。 最好的学生应该能熟练掌握批判性思维。 好的课程应该把批判性思维定位为核心的教学目标。 根据批判性思维做出的决定比根据本能做出的决定要好。 评估学生的批判性思维能力应该是教师和课程的首要任务。
第一梯级——范式型假设	批判性思维是可以教的。 不同学科的批判性思维都是一样的。 批判性思维是学生最核心的能力。 每个人都可以学会批判性思考。 学会批判性思考将会终生受益。

这个实例很复杂，但我拿它来用，是因为我相信本书的读者很快就能理解它的原理（这本身就是个因果型假设）。

讨论结束前，教师找到一个合适的时机，可以停止讨论，把精力转向黑板上的推论阶梯。教师和学生可以寻找不同梯级的假设之间的关联，尤其要注意最下面的梯级，同时思考“每个范式型假设的证据是什么”。这时，学生们会看到范式型假设的力量——竟然出现了这么多范式型假设，而且除了权威的证据以外，几乎没有其他证据支撑。换句话说，这些假设之所以被当作真实的，是因为某些“权威人士”宣称它们是真实的。

致谢停顿

讨论中的批判性思考，加上即兴发言、站在自己的角度思考、让自己听起来很聪明等给学生带来的焦虑，不论从情感还是脑力上来说，都是十分费力的。因此，我要介绍的最后一项练习——致谢停顿，显得不可或缺。

讨论中常被忽略的一点是，对其他人给我们学习带来的启发表示感谢，而致谢停顿就是有意着眼于这一点。在批判性讨论中，这一点尤其重要，要让学生们有机会彼此表示感谢，感谢对方的反馈帮助他们发现假设、验证假设和多角度思考。原因是，如果批判性思维是一种社会学习过程，其中同伴是最不可缺少的要素，而且没有同伴的帮助，我们根本无法发现自己的假设的话，那么，对他们表示感谢，好让他们继续投入其中，也就说得通了。

致谢停顿的流程如下：每次讨论中，教师至少应叫停一次，每次停顿一分钟左右，这段时间内，参与者只能对其他人（教师除外）表示感谢，感谢他们的观点启发了自己的学习。下面一些是常见的致谢理由：

- 启发了新思路的问题。
- 讲清楚了某个观点的评论。
- 启发了新思路的评论。
- 帮助找出了假设的评论。
- 提供了有用证据的评论。
- 指出需要解决的推理缺口的评论。
- 非常有趣、以前没想到的新观点。
- 明确指出两个观点之间的关联的评论。
- 有助于理解一个复杂概念的例子。

设置一个网络致谢栏即可，学生在发布的评论中只能感谢别人帮助自己学习了批判性思维，评论可以不断累积，永久记录学生相互感谢的理由，这样可以给下一届的新生看，让他们明白同伴的支持和批评的重要性，也可以尝试一些新的练习形式。

致谢便笺

致谢便笺是致谢停顿的一个变体，当参与者同步面对面地讨论一个问题的时候，各小组适时在教室四周贴出自己小组的讨论记录或建议清单，教师在学生张贴的内容旁边贴上便笺纸，要求学生在教室四周走动，看到自己觉得有用的建议就停下来，在旁边的便笺纸上写下自己的感谢之词，理由不限，也许是因为这条建议可以解决自己面临的问题，也许是因为它提供了重要的新信息或者有用的新角度。

几分钟后，可以看便笺纸上的评论的时候，就可以直观地看出哪项内容得到的评论最多，组员把这项内容对应的评论读给全组同学听，然后进一步讨论。

批判性提问

从整本书中我们可以看出，提问是批判性思维的核心。事实上，第一章介绍的入门方法可以概括为四个适合不同学科和不同情况的问题：

- 我们对所研究的话题或情况持有什么假设？（尤其是有关真知的假设。）
- 我们可以怎样检验这些假设的准确性和合理性？
- 这个话题或情况存在什么不同的角度和解释？
- 根据我们的批判分析，我们应该采取什么行动？

前一章介绍的很多练习和方法都体现了这几个问题以及一些类似的问题，但我们至今还没提到的一个可以实践批判性提问的地方其实是课堂讨论。我们提出的问题很大程度上决定着我们得到的答案，只有是非对错之分的封闭性问题才会产生封闭性的答案，开放性问题会产生各种开放的答案。开放性问题并非模棱两可、不接地气。《从震惊到灵感》（*From Outrageous to Inspired*，2004）一书的作者暨迪纳利小学（位于阿拉斯加州费尔班克斯市）的时任校长大卫·哈格斯特龙询问了两名家长和两名教师："你对孩子在本校的学习有什么期待?"，问这个问题时，他并没有打算要彻底修改学校的教学宗旨。根据哈格斯特龙本人的回忆，这个问题就像打开了一道闸门，一连引起了好几个问题，家长的答案很简单——希望孩子在学校跟不在学校一样，都能愉快地探索和发现。哈格斯特龙又问："怎么实现呢?"，这次却没听到一个答案。

批判性提问并非质问，而是激发人们去思考，思考可以带来各种意想不到的可能。一个看似简单的问题，比如哈格斯特龙提出的问题，可以帮助我们确定最关键的问题，给我们指明思考的方向。我们为什么要这么做？如果改变我们的做法会怎样？我们想从这个知识群体、教育群体或政治群体中得到什么？怎么实现这个目标？我们的目标是什么？这些是影响我们的行动的首要问题。我们是谁？我们想让别人记住自己的什么？我们代表什么？我们的使命是什么？我们会变成什么样？这些问题则可以帮助我们判断自己的行动在多大程度上符合自己的价值观。

提问上述问题可能令人感到不安，甚至有些叛逆，会让被提问者（尤其是那些对周围已经习以为常的人）和那些大权在握者（他们希望别人永远别问这些问题）感到紧张不安，但这也是打破常规和惯例、拥抱更多可能性的方法。另外，提问也体现了尊重，说明我们在意别人的想法，否则就不会提问了。的确，判断讨论是否良好的一个标准就是，参与者能否践行批判性提问的艺术。

在致力于培养学生的批判性思维的课堂上，学生应记住几类问题。尽管讨论中实际提出的问题是无限的，但有三类问题十分常见：寻找假设的问题、寻找假设证据的问题和产生不同视角的问题。

寻找假设的开放性问题

既然寻找假设是批判性思维的核心步骤，学生就要养成通过提问寻找假设的习惯。通常，直接问“你的假设是什么”这类问题不会有什么实际作用，因为这种问题模棱两可，让人望而生畏。模棱两可和望而生畏一般不会同时出现，可这种问题却二者兼之！当然，问这种问题完全合情合理，可现在（包括教学和生活的很多方面）不行，时机就是一切。只有让学生们先回答一些不这么直接的问题，先热热身，才能更好地回答这种直接的问题。

为了寻找假设而提问的时候，最好让学生先试着寻找研究者、学者和实践者可能持有的假设，而不是一开始就关注学生自身的假设。正如第三章所说，批判性思维的学习是循序渐进的，学生首先要养成寻找他人假设的习惯，然后才能着眼于自己的假设。

那么，我们应该提什么问题来帮助学生找出他们的假设呢？下面给出了一些例子：

● 作者是不是持有……这样的假设？（在这里，给出一个实际的假设，让学生来回答，最好具体点。）

● 我遇到类似的问题时，有时候会假设……我的假设符合这里的情况吗？（重复一遍，给学生提一个具体的问题，千万不要模棱两可，又让人望而生畏。)

- 这项研究中存在什么因果关系?(这个问题着眼于因果型假设,是学生最容易掌握的。)

- 这项研究/实验背后可能存在的假设似乎有……你觉得哪个假设最有可能?(就像一个多项选择题,这种问题很具体,不会让学生感到害怕。针对学生的选择进行深入讨论时,可以评估学生的批判性思维能力。)

- 你认为这项研究中最准确的假设是什么?(批判性思维的一个障碍是,学生认为它就是挑错,而这个问题可以让他们明白,批判性思维是一个综合评价的过程,也会肯定研究准确合理的一面。)

- 你认为作者/研究者在这里做的最明显的假设是什么?(最好从显性假设——作者公开说明的假设开始,这会让学生受益匪浅,他们会意识到,并不总是要揭露一些隐藏起来的东西。)

- 你认为哪些字眼或概念表明作者存在假设?(有时候,寻找一个字眼可能是寻找假设的良好开端。)

寻找证据的开放性问题

找出假设后,就要通过专门设计的问题来挖掘已找出的假设的相关证据。学生们需要了解,寻找假设只是批判性思维的起点,检验假设是否准确合理才是真正的批判分析。重申一遍,要让学生们明白,所谓检验不仅仅是采用可证伪原则(参见第二章),或者找出错误、疏漏、歪曲和存在偏见之处。批判性提问可以询问哪些假设理由充分，哪些推论准确，哪些解释充分，等等。

下面是一些例子：

- 选择作者/研究者的一个结论，在支撑这一结论的证据中，哪一条最可信？（这个问题可以让学生养成习惯，先从结论开始，再回溯整个推理过程或研究过程。）
- 如果让你在本研究提供的证据中选择一条最可信的，你会选择哪一条？（只关注一条证据，有时可以让学生把精力放在讨论上。）
- 如果让你在本研究提供的证据中选择一条最不可信的，你会选择哪一条？（这个问题与上一个问题相反。）
- 在作者给出的论点或结论中，哪一条证据最充分？（这个问题只关注一部分材料，而不是直接开始难度极大的元分析。）
- 如果让你劝说一个怀疑者相信这项研究的准确性，你会从研究中选择什么证据？（这个问题可以锻炼学生的假设能力，让他们站在作者的角度理解材料。）

产生不同视角的开放性问题

开放性问题，尤其是以“为什么”和“怎么”开头的问题，更可能激发学生的思考和问题解决能力，充分发挥讨论的潜力，探索学生的理性反应和感性反应。当然，开放性问题要求主持人不给讨论设限，提一个开放性的问题，却要求参与者给出一个预定的答案，这是不公平也不恰当的。

用批判性思维的专业术语来讲，开放性问题就是为了产生各种不同的角度和理解。在三类批判性问题中，最后这一类的结果是最难预料的，其开放性既可能激发学生的创造性，也可能把他们难倒，所以，这些问题应该安排在讨论的最后面。为了让学生更好地回答开放性问题，选择的讨论材料不能太难，提出的问题也不能故意把学生带偏。

● 咱们来研究一下这个问题/话题，试试从不同的前提开始，例如……如果我们以此为分析的出发点，问题/话题会是什么样的？（这里，老师可以建议调整话题，让学生调整分析方向，从而推动讨论。）

● 如果不从这个作者的角度来看，换成作者甲或者作者乙，他会怎么看？（记得给学生提供一个具体的出发点，例如其他理论家或者研究者会怎么看待这个问题，引导学生从不同的角度看问题，最好具体点。）

● 假设你从没读过有关这一话题的材料，出于本能，你会从哪里开始？（这个问题难度更大。）

● 让我们从最不可能或最不同寻常的角度来看这个问题，越不可思议越好！会有什么角度呢？（这里，其实是在让学生做头脑风暴。有时候，让学生从不同寻常的角度看问题，反而会得到更好的答案，尤其是你自己先亲身示范一下。）

● 这项研究忽略了谁的角度，如果把它考虑进去会怎样？（这里，你在直接让学生寻找研究角度，思考能提出什么不同的角度。）

● 如果这项研究采用不同的数据会怎样？（上个问题的一个变体。）

● 你能用哪些不同的例子来解释这一概念？这些例子会把我们的

分析带到什么不同的方向?(有时候,让学生给出具体的释例,会让他们的想法更有创造性。)

● 你认为这项研究有没有故意排除什么观点或者因素?为什么会这样?(让学生们明白,学术作品总是代表着某人的观点,把关者想让该领域的真理体系(参见第二章)保持原封不动。)

● 你认为甲有什么不同的办法来解决这个问题?(这里,你是在鼓励所有学生思考不同的解决方案。)

● 我们今天提出了什么问题?(这个问题可以让学生明白,批判性讨论总会产生不同的分析方法,同时也算是对下节课的一个准备。)

● 关于这个问题,哪里没有解决或者仍然存在争议?(上个问题的一个变体。)

针对学生的直接性问题

一旦学生习惯了讨论前面关注其他人的假设、研究和推理的三类问题,就可以开始针对学生的思维进行提问。现在,老师可以提出那些让人望而生畏的问题,例如:

● 你最确信的假设是什么?

● 你最不确信的假设是什么?

● 你在这里做了什么因果型假设/规范型假设/范式型假设?

● 有什么例子可以支撑你的观点?

● 你那么说是什么意思?

● 你能解释一下刚才使用的术语吗?

- 似乎……是你持有的一个显性假设，你认为自己持有什么隐性假设呢？
- 为什么你认为自己的结论准确呢？
- 你是怎么知道的？
- 那个论断依据的数据是什么？
- 作者的哪个说法可以支撑你的观点？
- 文中哪里表达了这个观点？
- 对于那些怀疑你的解释的人，你会给出什么证据来证明你的解释？
- 你对支撑你的观点的哪条证据最有信心？
- 你能换种方式解释这一点吗？
- 你为什么认为那是真实的？
- 你能给出不同的角度来解释这一点吗？
- 你认为自己忽略了什么？
- 你认为甲对你的分析会有何看法？
- 你认为自己可能遗漏了什么？
- 你能想出的最不同的观点陈述方式是什么？
- 关于这一点，你能想到的最不同寻常的解释是什么？
- 你可能忽略了谁的研究或观点？

小 结

本章进一步说明了第三章中的观点——批判性思维是一个社会学

习过程，同伴是其中不可或缺的要素。讨论是所有教学法中最具有社会性的，似乎非常适合培养学生的批判性思维能力，但我们已经看到，批判性讨论不等于漫无目的的讨论。某些练习和提问方式更能锻炼学生的批判性思维。批判性讨论应该着眼于寻找假设、检验证据、确定推论阶梯、多角度思考，以及确定明智行动的要素。而且，讨论安排要循序渐进，先从批判分析其他人的研究开始，慢慢过渡到学生自己的推理。

读书笔记

第九章　误解、质疑和风险

现在，我们来到了本书的倒数第二章，是时候概括一下与批判性思维相关的误解、挑战和风险了。当然，前面也可以概括，但我想先在前八章里介绍批判性思维的基本方法、对它的不同认识以及它的学习方法，同时也想向读者介绍一些入门的和高级的练习，然后认识批判性写作和批判性讨论。现在，我们已经探讨了批判性思维的教学法，是时候转向人们对批判性思维的误解了。

误　　解

每次举办批判性思维的讲座或第一次向学生们解释这个概念的时候，它总会遭到一些典型的误解：第一，人们本能地抵触批判性思维，因为他们误以为批判就意味着推翻、贬低或找碴。第二，批判性思考一切（批判性思维通常会出现在生活的方方面面）会导致分析瘫痪，如果我们总能找到错误或者从不同的角度看待问题，就永远无法产生实际的结果！第三，另一个极端是，有关批判性思维的很多著作都谈到了根本性的变化，起初，一个人无法批判性思考或行动，接着突然顿悟了，导致他发生了根本的变化，因此，人们认为批判性思考就意味着根本性的转变。第四，批判性思维常被等同于问题解决，这个观点一定程度上是正确的，但批判性思维跟问题解绝不是一回事，我们要知道，问题解决有时候也是不具有批判性的。第五，有的人认为批判性思维是一个有限的过程，总是会产生明确的结果，这个观点一定程度上也是正确的，但更多时候，批判分析只会引出更多更复杂的问题。

批判即否定

第六章对批判性阅读的讨论中间接提到，“批判”这个词总是带着找碴的消极意味，所以说，当有人问你“我们为什么要批判性思考”的时候，其实并不是反问句（“因为它能帮助我们在恰当地分析自己的经验和假设的基础上，采取明智的行动”），而是在抱怨这种吹毛求疵的生活态度——总是对现实不满，总是要挑出毛病来。最难的态度转变就是从批判就是找碴的误解到认识到批判性思考其实是一个综合评价的过程，既要看到明智的行动和正确的假设，又要看到仅仅出于习惯而做出的行动及不符合实际情况的假设。

介绍批判性思维时，先从正面评价开始往往更好，这样学生能认识到正面评价是批判性思维的必要组成部分。作为教师，你可以分享自身的例子，譬如，你对学生及批判性思维教学的假设被证明是准确的。初期的情景分析练习可以先让学生们着力指出主人公的正确假设。教师汇报《关键事件调查问卷》时，应尽量多描述为学生的经验所证实的假设。如果小组讨论进展顺利，而且明显是因为教师制定的基本规则防止了个别同学掌控整个讨论的话，教师也要说明这一点，对包括我在内的很多教师而言，个别同学掌控整个讨论带有自我夸耀的味道。如果要让学生明白正面评价也是批判性思维的一个组成部分，我们需要先做亲身示范。

另外要做的一点（参见第七章）是，在所有的课堂和作业中，既要让学生看到被质疑的东西，也要让他们看到被肯定的东西，所以不仅要询问学生哪些假设得到了肯定，也要让他们说明自己最重视的证据来源和权威来源以及背后的原因。另外，还要让学生说明，在完成作业的过程中，哪种资源——网络、工具书、同学的笔记、课堂内容、课程讲义和同学讨论，发挥了最大的作用以及相应的原因。

妨碍行动

这个反对的理由很容易理解。在更崇尚实干家（之所以谈“实干家”并非偶然）而非思想家的文化中，反思分析和提问常被看作浪费时间，要是在会议上一直提问，总想揭露决定背后的假设，你可能会背上不干实事的“骂名”，对于没有职权和威信的人而言，最难的就是在提问和揭露关键决定背后的假设的时候显得有益和有效，而不被看作妨碍行动或吹毛求疵。

“分析瘫痪”是一个老生常谈的词，因为的确会发生这样的情况，我们总会忽略一些东西，总会少考虑一个角度，总会少检验一个假设，我们总是忍不住推迟行动，借口是还得再分析一遍，再多搜集点信息。我想，大部分读者都曾遇到这样的情况——组成一个工作小组来分析问题，实际上是不愿行动的借口。你可以把一个似乎难以解决的问题拖很长时间，借口是还需要多搜集一些信息。很多博士生都有过这样的体会，我们绝不可能找出和研究所有与我们的话题相关的材料，但我们还是会拖拖拉拉，迟迟不肯下笔写终稿，因为我们还得再研究一些材料。

正如第一章强调的，要不断向学生们强调，批判性思维的最终目的是采取明智的行动，所以我们得让学生明白，批判意味着两点：明白即使没有得到想要的所有信息，还是要做出决定和选择；明白日后可能会发现我们现在的选择和决定是错的，或者没能实现我们想要的结果。这种情况下，美国实用主义的思想传统（参见第二章）就可以派上用场了。实用主义的一个主要观念是，所谓“批判”是指勇于重新思考自己的立场，综合新的信息和认识，逐步完善自己的方法。举个例子，一方面，我相信批判理论能更好地解释周围的一切，另一方面，我不相信批判理论家的任何思想，当某个观点、经验或信息使我的认识受到质疑，我就得重新思考自己的认识。作为教师，学生多年来的反馈让我相信，任何情况下我都需要亲身示范，但这个信念多大程度上是正确的、是否适合特定情况，总是有待检验和思考。

教批判性思维的时候，要让学生们明白，根据批判性思维做出的明智行动并不是百分之百正确或可预测的，我们可能把情况和行动理解错了，可能误解了某些信息，或者搞错了某种经验，但这些都是概率性事件，总体来说，经过批判性思考做出的行动比随意的行动更容易实现预期结果。对于教学，我也是这么看的，如果说某个练习或者技巧总能产生完全一样的好结果才算奏效的话，那么，没有什么会奏效。再说一遍，没有什么是奏效的，如果我们判断是否奏效的标准是能否产生完全一样的好结果的话。所有教学行为其实都是权衡的结果，凡事总有弊端和消极的一面，我们要做的是权衡利弊，不论教学还是批判性思维都是如此。

引起根本性变化

在多年来收到的《关键事件调查问卷》中，学生们反复强调，我似乎在说批判性思维涉及根本性变化，因为我选择的实例总是与戏剧性的变化有关。本书一开头，我就有意提到了批判性思维帮助我走出抑郁症的例子，这背后我做了一个因果型假设——个人经历可以吸引读者的注意力，同时，我也想把批判性思维同一个任何人都可能遇到的具体经历联系起来。

这个假设虽然可以吸引那些想从中学习如何教批判性思维的读者，但却无法得到对批判性思维一无所知的学生读者的理解。如果学生们了解的第一点是批判性思维会导致生活发生翻天覆地的变化，他们极有可能会望而却步，而且很快会得出结论：批判性思考意味着要质疑甚至放弃很多根深蒂固的假设，即便对于最有经验的教师来说，这也会让他们望而生畏，更何况那些刚入学的学生呢？

因此，有必要一开始就让学生们明白，批判性思维不一定会引起变化。我们可以对某个假设进行批判性思考，从而获得更好的认识或者对这个假设更加深信不疑。例如，教师在课堂上遇到突发状况的时候，总会随机应变或做出本能反应。有时候我们做某件事的时候是即兴和随意的，结果发现，其实看似随意的行动背后隐藏着一系列潜意识的认识和假设，对这些认识和假设进行批判性思考之后，我们的结论经常是，看似任意的决定背后的假设其实往往是合理的。所以说，批判性思维也可以加深我们的认识，让我们明白为什么已经存在的假设是准确合理的，自然而然，基于这些假设做出的行动也有理由维持原状了。

等于问题解决

没有什么比得到一个善于解决问题的名声更能让你的事业取得进展了，比如说，我是一名教师，系主任或院长给我一个问题让我解决，如果我解决了这个问题，有可能就会延长我的雇佣合同，甚至得到终身教职，在他们眼中，我会成为一个可以信赖的人、一个解决问题的能手。不过，尽管批判性思维有时的确等同于问题解决，但并非总是如此，也有很多例子说明问题解决可能不具有批判性，这又是怎么一回事呢？

第一种情况是，你努力解决的问题并不是真正需要解决的问题。批判性的问题解决方法不会立即接受官方对问题的界定，反而会先提出一些尖锐的问题来确定真正的问题是什么，例如：

- 解决这个问题关乎谁的利益？

- 解决这个问题会服务谁的利益？损害谁的利益？
- 谁最先把这个问题当成问题？
- 什么证据说明这个问题是最紧迫、最需要解决的问题？
- 企业内的其他人会认为还需要解决什么其他的问题吗？
- 这是真正的问题吗？

因此，批判性的问题解决方法的第一步是提出问题，也就是说，回答上面提出的问题。然而，不加批判的人会立即接受官方对问题的界定，然后着手解决它，根本不问这个问题是不是真正的问题，是谁把这个问题当成真正的问题的，有没有其他的问题需要引起注意。很多工作小组解决的问题都是企业高层定义的问题，当然，并不是说这些问题不是真正的问题，不需要解决。譬如说，很多多样化工作小组的任务是解决少数种族学生减少的问题，或者是缺少有色人种教师的问题，不过，正如批判种族理论（Zamudio，Russell，Rios & Bridgeman，2010）所指出的，解决这些问题只会让掌权的人受益，因为这会让学校的官方认证更顺利，在少数种族社区中赢得好名声，最终提高学校的报考率。

第二种情况是，解决问题的人成功找到了解决办法。这么说好像有点奇怪，难道解决问题的目的不是找到解决办法吗？当然是这样，可需要一个工作小组来解决的难题通常是没有解决办法的，如果它们复杂得需要一组人来研究解决的话，最终的解决方法不会是完整的，只可能是适用于某些情况，比其他方法更有效一点。一个难以解决的问题之所以成为问题，原因很简单——它没有简单的解决办法，否则也就不会成为问题了。但是，如果报告的作者能给出三四个甚至五个解决办法，按照有效性进行排列，往往会让他们的报告留下一个更好的印象。这时，他们也就不会说不存在明确的解决办法，只有事先认真研究实际情况，才可能让他们提出的不完整的办法奏效。

产生明确的最终结果

某种程度上，这个误解是在我们前面刚讨论过的误解中产生的。学生们深信，通过批判性思考，他们一定能给问题找出一个明确的最终答案，然后在这个问题旁边画上对钩，表示这个问题已经得到彻底解决。事实上，批判性思考更像是剥洋葱——随着分析的深入，会出现更复杂的问题，这是让学生们觉得最困难最受挫的一点，所以说，他们宁愿相信批判性思考会帮他们找到问题的答案，也是合情合理的。说实话，有时的确能找到答案，但大多时候，最后只会发现更复杂的新问题，或对最初的问题产生更复杂的认识，这个过程似乎永无终点，终点只会发现更多的问题。

事实就是这样！批判性思考永远没有终点——你双手一拍，仿佛说“搞定”“妥了”，然后画上一条删除线，好像再也不用提起这个问题了。事实是，在这段旅程中，我们只能找到暂时的休息之处，对自己说“现在只能理解到这一步，以后还得再讨论再理解”。所以说，批判性思维课程（参见第七章）如果让学生们误以为，上了这门课就可以忘了批判性思维这件事，可以去做别的事情了，因为他们已经完全掌握了，那么最终可能会产生事与愿违的结果。

批判性思维并不能这么干净利索地划分，它是无处不在的，隐藏在所有的学科、模块、单元和情景中，它适用于一个问题的方法可能不适用于其他的问题，而且学习的本质——不断出现新的信息和出乎意料的经历，让我们有了全新的思考角度——也说明批判性思考永无止境，旧的问题总会产生新的问题和思考方式。

质　疑

在写一本有关批判性思维的书的过程中，要面临的一个问题是，很容易掉进不加批判地提倡批判性思维的陷阱中，而忽视它的矛盾性和复杂性。尽管我努力避开，可还是掉进了这些陷阱里，因此，本节中，我想以批判的眼光来审视批判性思维这个概念本身，指出它面临的三种最常见的质疑：(1) 它代表着男性的求知方法，强调怀疑而非相信，忽视联系性的认识；(2) 它起源于以欧洲为中心的思想传统，却不承认这个事实；(3) 它追求自我意识，是彻头彻尾的现代主义思想，没有认识到后现代生活的复杂性。这些批评理由充分，下面我将逐一探讨。

男性的怀疑

具有划时代意义的《女性认识论》(*Women's Ways of Knowing*, Belenky, Clinchy, Goldberger & Tarule, 1986) 一书指出，女性联系性的认识方法与众不同，但一直以来受到轻视。这种联系性的认识方法与支撑以欧洲为中心的真理概念的分离性认识方法截然相反，这本书的作者写道，“分离性认识的核心是批判性思维……一种怀疑游戏”（p. 104）。这种怀疑游戏的玩家“怀疑一切感觉正确的观念”（p. 104），包括看起来符合理性的主导价值观和观念，即我们的感觉结构的组成部分。贝伦基、克林奇、戈德伯格和塔鲁尔（Belenky, Clinchy, Goldberger & Tarule）认为，“分离的认识者是讲究实际的，他们就像独家俱乐部的看门人，不会放任何东西进入，除非十分确信它们符合标准，否则他们宁愿把俱乐部里的人踢出去，也不愿意接纳新人”（p. 104），这一点其实体现了可证伪原则——倾尽全力找到错误之处，余下的就是可以相信的。

与这种排外性、怀疑性、分离性的认识方法相反，联系性认识则是建立在相信游戏的基础上。相信游戏的玩家主要是认同和认识其他人的世界观，正如《女性认识论》的作者所写的，“很多女性更容易相信而非怀疑，但这对男性来说却很难……虽然女性总是经历怀疑，但相信对她们来说更为真实，可能因为后者是建立在真诚的关心的基础上，能够揭示她们所珍视的那种真相——个人的、具体的、基于直接经验的真相”（p. 113）。男性之间的讨论是竞争性的和怀疑性的，而女性之间的讨论则是截然相反的，其主题是相信，没人去攻击或防卫，没人要去证明什么，也没人有兴趣去改变别人的观点。

批判性思维强调的是一种基于怀疑的方法论，这种方法论更适合善于玩怀疑游戏的男性——这是一个饱受争议的观点，需要在本章中进行更多的讨论。当然，批判理论的思想传统也是从怀疑开始的，它假设意识形态操纵导致社会中的大多数人没有意识到自己被压迫的处境。从定义上来看，意识形态本身已经被认为是错误的，它的目的是传播主导的信念，确保社会秩序不会受到反对，服务于处于支配地位的少部分人的利益。

怀疑游戏被描述成一种单人角斗，不是你死就是我活，只有胜者才能笑到最后。然而，有趣的是，这并不符合第三章提及的事实——男性和女性都说自己学会了批判性思考。据学生们反馈，学习批判性思维最好的办法是小组学习，同伴相互借鉴，相互帮助认识自己的思维，所以说，一群人思考“我们在这里忽略了什么?”或者“哪个假设还没经过检验?”，远比孤立的一个人来做更有效。批判性学习是一个社会学习过程（男性和女性都这么认为）——这一观点不仅肯定了《女性认识论》的正确性，也让学生可以通过社会学习的形式来玩这个怀疑游戏。

以欧洲为中心的理性

批判性思维的四个思想渊源（参见第二章）都可以追溯到欧洲启蒙运动时期，包括美国实用主义，也是由欧裔美国人提出的，其核心思想是实验和观察促进发展和进步。此外，批判性思维更崇尚西方的认知和理性认识。从历史上来看，人们很少关注情感性、情绪性、精神性和整体性的存在和认识，也很少考虑如何通过审美体验、冥想和深思来获得批判性思维，正如一本有关批判性思维的大众读物的书名《超越感觉》(*Beyond Feelings*，Ruggerio，1990)。

由于批判性思维起源于启蒙运动的理性（以欧洲为中心的思想传统)，它很容易被视为知识殖民主义的又一体现。白人男性举着欧洲思想传统的大旗，宣称自己的学习方法和教育实践是普适的，而实际上它们有着文化特殊性。用博德里亚（Baudrillard，1975）的话来说，尽管“西方文化是第一个开始反思自我的……但它的结论是自己的文化是普适的，因此，其他的所有文化都被当成了它的遗迹，而被带进了他们的博物馆”（p. 88）。这种批评的观点指出，某些民族认为批判性思维就是把外国的知识、学习和存在方式强加到自己身上，如同一场知识大屠杀，试图抹去他们自己的宝贵文化。

举一个例子，李（Lee，2011）指出了儒家传统对美国大学里的东亚学生的影响。儒家主张，学生需要一个有能力的老师来引导他们，吸收消化专家的思想胜于独立思考，李引用了一项研究（Tweed & Lehman，2002；Pratt & Wong，1999）的结果，说明东亚的学习者的确倾向于从老师身上学习思想和知识，在老师的严格监督下进行应用，能按照老师规定的方式运用从老师身上学到的知识，如此才算是好学生；当美国的老师要求他们独立、批判性思考甚至质疑老师的推理的时候，这些学生往往左右为难，为了赢得美国老师的尊重，他们必须做一些被自己的文化传统视为大不敬的事。

毫无疑问，批判性思维最主要的思想渊源（参见第二章）确实是西方的重要思想，难道这就意味着它不适用于没有生活在 18 世纪的巴黎、19 世纪的维也纳和 20 世纪的法兰克福的人吗？不是的，因为不熟悉它的渊源而加以拒绝是反知识的，无疑是关上跨越差异进行对话的大门。是不是它的历史渊源（意识形态批评）意味着要对它的原则进行修改，才能适用于不同的时代和地点？毫无疑问，实用主义本身就主张，为了实现进步，我们需要尽可能跨越不同的领域，考虑更多的新认识，这同样适用于批判性思维。

还有一种观点认为，已故的白人男性写的东西根本不适用于复杂的、多民族的、碎片化的后现代社会，因而产生了新马克思主义思想和葛兰西主义思想，反对主导的结构和文化价值观。从这种意义上说，摒弃欧洲中心论（包括法兰克福批判社会理论学派）正中统治阶级的下怀。原因是，如果我们认为已故的白人男性写的东西根本不适用于现代社会，那么，我们刚好就得抛弃革命和颠覆的思想传统，马克思和葛兰西的思想也都会失去作用。已故的白人男性的现代主义著作根本无益于认识今天的女性和少数种族的地位和经历——这种观点是政治正确的，激起了当代摒弃解放思想的论调。一方面主张关注被排斥的群体和被压制的话语，另一方面又助长这种排斥和压制，多么的自相矛盾！

现代主义的幻觉

植根于第二章介绍的四大思想传统的批判性思维属于现代主义思想，而现代主义思想又植根于一个乐观的启蒙思想——人和社会是日臻完善的。现代主义坚信，随着知识的不断累积，我们会逐渐摆脱这个充满压迫和不公平的世界，创造一个理性、公正的世界，这一观念同时也是实证主义、自然科学和马克思主义的核心思想。在现代主义的基础上，包括我在内的批判性思维的提倡者假设，学生可以越来越准确地分析这个世界，从而实现更清晰的思维和自我意识。学会了如何发现假设和检验假设，人们就可以分清哪些假设是不合理的，哪些是扭曲的、不公平的、损人利己的。

后现代主义则反对人类是不断发展和进步的这一观点，认为犹太人大屠杀和不断涌现的种族灭绝行径说明，对进步的信念不过是令人鼓舞的现代主义幻觉。同时，它还质疑批判理论的乐观思想——我们可以层层剥开意识形态的统治，最终能够明确、准确地分析不公正。从后现代主义的角度来看，压迫是多层次的，它的表现形式是不断变化的，此时的压迫者会变成彼时的受压迫者，因此，从这个角度来看，真理是局部的、暂时的、不断变化的。

特别是，后现代主义质疑批判性思维相关经历的叙述方式，根据马济洛（1991，2000）的说法，人们提起他们的批判性思维之旅时，正如第一章中我的经历，往往以一种线性的、按次序的方式进行叙述。故事中，人们总是一步步走向更准确、更合理的假设（用我的话来说）抑或找到更包容、更与众不同的意义。例如，教师简短地叙述自己的相关经历时，可能会说“从前，我的教学方式不知不觉地压迫了学生，充斥着种族、阶级和性别的不平等，可现在，由于困境迷惑使我反思了自己对权力的滥用，我的教学实践已经彻底摆脱了种族歧视、阶级歧视、性别歧视和压迫等因素。”或者“以前，我的生活就是为了满足他人的期望，我根本不知道自己是谁，也不是为了自己的假设和信念在生活，而通过批判性思考，我发现了真正的自我——自我本质，过上了一种更真实、更完整的人生。”

后现代主义者，包括德里达（Derrida，1978）、利奥塔（Lyotard，1984）和拉康（Lacan，1979），都反对这种线性进步观，他们认为这种批判性思维和自我发现的故事纯属偷奸耍滑，全是我们虚构出来的，就是为了把自己刻画成英雄——绝不能和杂乱的、碎片化的日常经历混为一谈。通过批判分析，人们可以实现更充分的自我认知——这一观点治标不治本，本质上是错误的。根本没有所谓的自我本质等着我们去发现，我们的本质是由社会决定的，我们的所说所写都可以有不同的解读，我们的言语不存在核心的真理，也不存在基本的、明确的假设等着我们去发掘。

在我看来，来自后现代主义的质疑有助于纠正批判性思维相关探讨的一个错误趋势，即设想出一种解放了的教育者，他们对人们受压迫的现实有着更准确、更清醒的认识，所以有责任把学习者从沉睡中唤醒。来自批判理论的质疑则设想了一种压迫者和受压迫者的二元对立关系，认为全知全能的政客通过教育、教会和媒体（或残酷地折磨持不同意见者）来操纵普罗大众，让他们处于一种认知和情绪麻木的状态，从而形成一种道德缄默的文化。这种二元对立论不可避免地把教育者奉若神明，仿佛只有他们能洞察凡人所不能看破的政治真相。

这些论断一概认为劳动人民容易上当受骗，因而不利于批判反思。教批判性思维的教师把自己描摹成揭露霸权的超级英雄，只有他们能看穿人民大众饱受压迫的事实，实际上洋溢着他们的洋洋得意之情。他们好像成了热追踪导弹，只需轻轻一瞥，就能定位和洞穿意识形态。所以说，教批判性思维的教师容易沉浸在傲慢和确信的喜悦之中。

后现代主义对批判性思维的质疑提醒我们，我们也需要以理性怀疑的态度来审视我们的立场，就像我们分析出主流的文化价值观只服务少数人的利益一样。批判地反思我们的立场是一种合理的怀疑态度，可以冲淡我们的过度自信，以免我们相信自己掌握了唯一普适的真理，同时也可以避免我们不加批判地物化批判性思维的相关方法。后现代主义认为，真理是局部的，所以，批判性思维的教学不能按照宏大的计划，而要根据具体的参与者和实际情况制定有针对性的计划。适用于一种情况的技巧和方法不能迁移运用到另一种情况，不能学会了一个地方的社会改革方法，回头就不加调整地用到另一个地方，因为这些“真理”并不是普适的。

风　　险

在批判性思维的讲座和课堂上，我常收到的一个评论是，批判性思考的确挺好，但要冒的风险太大，所以让学生们望而却步。这些年来，我曾写书集中论述过这些风险（Brookfield，1994，1995，2005，2006），本节中，我想着重再探讨一下其中的一些风险，把它们和学生们学习批判性思维的体会联系起来，包括冒名行骗、文化自杀、丧失纯真和长途奔跑。

冒名行骗

冒名行骗的感觉是指学习者有时觉得自己既无天赋也无权利成为大学生，所以倾尽全力不让别人揭露这个事实。他们想象自己永远处在被揭穿的边缘，随时有可能被别人发现自己资质太差，根本不适合大学水平的学习。他们不遗余力要保守的秘密是自己不配做大学生，因为他们缺乏成功所需的智力和自信，一旦这个秘密被拆穿，他们就得滚出自己的专业，从此堕入耻辱、羞辱和尴尬的深渊。如果还没被揭穿，只会让他们觉得，离别人撕开自己假面具的那一天不远了。想必，这样的学生也会拷问自己："某时某地，迟早会有人发现让我进这所大学完全是个天大的错误，我太笨，不能成功。"

当然，并不是所有学生都有这种感觉，但它的确超越了性别、阶层、种族，甚至学习程度，不论是上预科、辅导班的学生还是博士生，都可能有这种感觉。例如，西蒙（Simon，1992）写到，当他带的博士生阅读教育学和相关领域的理论文献时，常会产生这种冒名行骗的感觉，学生们觉得"我不属于这个班级；我不属于研究生院；我并不像别人想得那么聪明；我根本算不上是'知识分子'；我并没有那么博学"（p. 85）。我在哈佛大学教育研究生院做过一学期的客座教授，让我震惊的是，我常觉得自己是个冒名行骗者：我够资格做哈佛大学的教授吗？他们一定是搞错了，把我当成了真正应该得到这个职位的那个斯蒂芬·布鲁克菲尔德。让我更震惊的是，我向学生们介绍这个想法的时候，很多学生（常春藤名校的硕士生和博士生）竟然也坦白自己有过类似的感觉。每次面对一群貌似自信的新生时，我都暗暗告诉自己，他们很多人可能备受这种冒名行骗之感的煎熬。

这种感觉通常是隐藏着的，但让学生批判性思考学习内容的时候，可能会触发这种感觉。让学生们批判分析从书中读到或者从教师口中听到的观点，是万分艰难的，学生们觉得专家掌握着真理，他们的职责就是传播真理。学生刚刚开始一门课程的学习时，无论是身为学生的体会还是对基本内容的掌握，都是十分有限的。这时让他们立即开始批判性思考无疑太过残酷，容易让他们陷入困惑。假若他们误以为批判性思考就是揭露错误，他们会觉得压力很大。学生已经把批判性思维和某种公开羞辱联系了起来，如果让他们批判性思考学习内容，无疑会增加这种冒名行骗的感觉，而这本身已经是新生面临的一个挑战。

文化自杀

文化自杀是指学生因为所谓的背叛行为而遭受家人、同伴和社区的惩罚，换句话说，因参加学习而被视为改变了自己的文化。如果重视学习被指责是“模仿白人”（Bergin & Cooks，2002）的话，这一风险在高中阶段就会走进有色人种的学生的意识里，尤其是家里第一个上大学的和成人学习者。工薪阶层的学生“接受的新思想和新态度越多，就越容易遭到家人的疏远”（Casey，2005，p. 35）。结果，他们“觉得自己丧失了身份认同感，心理上没有了根”（p. 35）。亲属和同事的态度让他们本能地觉得，如果大学鼓励他们批判质疑身份相同的同伴们惯有的假设和信念，他们可能就得承担被自己一直以来所信奉的文化排除在外的风险。在出身工薪阶级的学者的自传（Welsch，2004）中，经常可以见到这种经历真实上演，甚至一部大获成功的商业剧情片——《教导丽塔》（*Educating Rita*）也表现了这一主题。那些重视批判性思维并且质疑共同假设的学生告诉我，周围的人开始对他们投去恐惧和憎恨的眼光，透露出因不理解而引起的敌意。

有时候，批判性思维的学习者被当成颠覆一切的闹事者，似乎他们存在的理由就是给周围的人制造麻烦和不自在。第一代大学生都有过这样的共同经历，因为在日常生活中拥抱批判性思维，而被迅速地边缘化了。他们发现，提出一些有关大家共有的文化假设的问题，可能会招来家人、朋友的憎恨和怀疑，身边的人觉得既然他们背叛了这个群体所代表的文化信仰，就得让他们知道后果，通过各种手段，包括孤立、直接对抗、冷嘲热讽和肢体语言，他们传达出一个重要的信号：不要再问这个群体不愿提及的任何事，不要企图改变他们的想法。

丧失纯真

学生们常是带着厚望迈入大学校门的，他们希望大学能改变他们的生活，让他们求得一些“真理”，最后搞清楚这个世界是怎么运转的，自己又是谁。上大学被看成一个巨大的转变，会给他们提供更多的就业机会，帮助他们实现自我认识，让他们的生活朝着更好的方向发展。然而，当入学第一周听到老师一再强调批判性思维的重要性的时候，他们的希望往往就破灭了。老师强调说，通常不存在正确的答案，学生只能自己寻找自我的意义。当学生们问老师一个难题的正确解决办法时，老师却回答“看情况”。老师还说，知识和思想并非二元对立的，没有对错之分，给批判性思考蒙上了一层模糊的阴霾。最后，老师告诉学生，大学的目的是提出正确的问题，而非找到正确的答案。

学生们听到这里，可能有一种上当受骗、迷失和困惑的感觉，或者只是觉得难以置信。对他们而言，老师只是在玩复杂、含糊的猜谜游戏，假装没有答案，来检验学生是否有获得真理的必要能力。最终答案揭晓，学生们发现老师的意思是不存在简单的答案、普适的思想或者毫不含糊的思考方式，他们于是慌了。

这种思想焦虑是学生学习过程中的重要经历，度过了这个阶段，就能实现认知的转变。他们就会开始认为，知识和思想是开放的、不拘一格的，是一群认识者不断创造和再创造的产物。他们的学习生活就是不断地探索，质疑假设和构思观点，正如老师们所说的那样。相反，如果学生无法直面这种认知的重构，他们很可能会中途退学，错失大学的整个体验。学生减少问题的相关研究往往只关注学生生活的外部因素，包括经济困难、跟不上课程安排、无法自主学习，等等，却忽视了学生的认知恐慌。的确，外部因素很重要，不容低估，可丧失纯真这个内部因素更不容忽视。

长途奔跑

学生们在分享自己的学习经历的时候，提到了一种学习节奏，可以被称为“渐进波动”。通俗地讲，就是说学习者前进两步，后退一步，前进四步，后退一步，再前进一步，又后退三步，一直这样不规律地波动，但总体是在前进。之所以出现这种学习节奏，是因为一开始学生寻找假设和多角度思考的能力逐渐增强，接着他们觉得自己无法批判性思考了，所以出现了有规律的中断。明显地退回到以前的思维方式和行动方式的时候，他们就觉得自己失败了，这就是最终的结局。未能把它们看成中间的小插曲，所以他们觉得自己永远“学不会”批判性思维，它“超出了他们的能力”，他们不禁要回到最初的思考方法，哪怕这些方法不奏效、不合理，可至少他们习以为常。

这种走走停停、参差不齐、渐进波动式的学习节奏让我想起了华纳兄弟出品的一部卡通片——《走鹃历险记》(*Adventures of the Roadrunner*)里的长途奔跑。这部卡通片无休止地重复着同一个场景：走鹃在高速公路飞奔，它哔哔的叫声把追赶它的土狼的受挫感一步步推向高潮，走鹃跑到了一条峡谷的边缘，因为拥有飞翔的超能力，它飞到了半空中，在离谷底几百英尺高的地方，转身面对已经追到峡谷边的土狼。

一路追来，土狼激动得肾上腺素已经涌到了血管里，走鹃的挑衅也彻底激怒了它，为了追到走鹃，它加速跑起来，从峡谷边缘纵身一跃，跳到了半空中，四肢在空中扑棱着。大约三秒后，它意识到了自己的处境，僵住了，看着几百英尺之下的谷底，又望了望镜头，脸上满是愚蠢、诧异和丧气的表情。明白了自己的处境，土狼立马意识到了自己的生存危机，可是为时已晚，它正身处几百英尺的高空，不论从物理上还是感觉上看，它的处境都不妙，万有引力定律可不会失灵。它跌到了谷底，荧幕上出现断了的四肢和支离破碎却没有血迹的身体残片。当然，我们知道，下一集里土狼会满血复活，重新开始它的追逐。

土狼意识到自己的窘境并且跌落到谷底的那一刹那，它的感受和学生们学习批判性思维的时候是一样的，他们意识到以前的思维和行为方式不再合理，但还没有形成新的方法来代替，这种不确定的状态和土狼悬在几百英尺的高空中的感觉是一样的——令人极度恐惧。

和土狼一样，学生们刚入学时也充满无限的朝气，乐观地以为大学会让他们的生活变得更好，想象着批判性思维会为他们带来新的就业机会，帮助他们认识自我、树立自信。这一切让他们喜出望外，恨不得立即投入批判性思维的怀抱。他们努力摒弃和重建不再能充分解释这个世界的假设和认识，感觉自己在不断向前，朝着更清晰的认识进步。即便冒着冒名行骗、文化自杀和丧失纯真的风险，也都在所不惜，因为它会结出转变的硕果。

可一旦抛弃了旧的思维和行为方式，热情就变成了恐惧，他们猛然发现脚下没有了能支撑自己的土地，从前那些坚实、稳定的假设消失了，但却没有新的假设取而代之。这时，他们丧失了信心，挣扎着要回到峡谷边的地面上，决定再也不尝试批判性思维了。

然而，正如下一集土狼会满血复活、重新开始追逐一样，对知识的探索也不能这么轻易放弃。迟早有一天，学生会带着满怀的希望和梦想抑或微不足道的怪异和缺陷，迈进大学的校门，批判性思维会从头开始，但这次学生们知道，某一刻他们也会悬在危险的半空中。知道了这一点，他们就能挣扎得再久一点，也会有先见之明，随身带上降落伞——支持性的学习社群。

社群的关键作用

当我询问学生们是如何应对冒名行骗、文化自杀、丧失纯真和长途奔跑的风险时，他们一致肯定了社群的作用，诚然，再怎么强调学习社群的作用都不为过。用“社群”这个词来形容三四个好朋友组成的小团体显得有些夸张，但成员给予彼此的温暖和安全感让它比“网络”这个词更合适。

这些小的社群发挥着重要的作用，可以让成员知道大家有着一样的焦虑，从而打消他们的疑虑。通过交流彼此学习批判性思维的个人经历，学生们会慢慢明白，感觉自己在冒名行骗或者被以前的朋友疏远，这些是大家的共同经历，并非特殊事件。有幸加入这样的社群的学生视其为“第二个家”或者“唯一懂得自己的经历和感受的一群人”。这些社群提供了一个安全的避风港，大家相互扶持，共同面对学习中情绪最低落的时刻。

还有一点能证明把批判性思维当成社会学习过程的重要性，学习社群不仅在认知层面上发挥着重要作用（贯穿本书的主题），也能为学生们提供精神支持，帮助他们管控风险。如果你一直觉得自己是唯一一个感到自己在冒名行骗或者被家人、朋友疏远的人，就会产生一种无法承受的孤立感，可如果你定期跟同一群人一起践行批判性思维的方法，你会忍不住询问他们的经历，当得知他们也有同样的经历时，你开始明白自己并非唯一一个有这种经历的人。知道了这一点，你会感到万分宽慰。另外，在学习社群里，同伴也可以相互分享避免文化自杀的建议和策略，以下是多年来我的学生们提供的一些例子：

- 如果你刚下课回来，首先要做的就是问问朋友、伙伴、家人或室友，你不在的时候发生了什么事。
- 如果你不在的时候有人给你打了掩护，要想办法表示感谢并回报他们。

- 永远不要讲课堂上发生了什么，除非别人直接要求你这么做。
- 如果你完全做不到第三条，一定要讲上课发生的事，记得先讲自己的焦虑和不安，千万不要一开始就讲那些精彩的事，先讲讲怎么觉得自己像个骗子，怎么发现学习有多难，怎么害怕坚持不到学期末，等等，然后再分享自己的喜悦和变化。这样，其他人才会受到鼓舞，而不是感到威胁。

小　　结

本章澄清了批判性思维面临的一些常见的误解，说明了相关理论和实践受到的质疑，简要概括了学生学习时要承担的几个可预测的风险。这样一来，也就论述完了贯穿本书的一个主题：最好把批判性思维看成一个社会学习过程，小组学习的效果最好。下一章，也就是最后一章，我将再次探讨贯穿本书的另一个主题——教师示范的重要性，从不同的角度进行更深入的探索。

读书笔记

第十章　示范批判性思维

最后一章，我想回到本书一直在强调的一个话题——教师公开示范批判性思维的重要性，进行更详细深入的探讨。第三章已经初步讨论了这个话题，总结了学生们认为让他们受益最大的教学方法，提供了一些课堂示范的具体实例。本章中，我将重点思考如何让批判性思维贯穿教师们的一生。

教师的示范对指导学生来说至关重要——尽管学生们一再强调，希望看到教师们亲身示范批判性思维，它的背后更是有着道德层面的原因。在我看来，如果教师一直要求学生努力克服寻找假设、检验假设和多角度思考的重重困难，但自己却从一开始就不愿意这样做，这种教学方式本质上就是空谈。考虑到上一章提到的风险和困难，我们更要先给学生示范，再要求他们这样做。我们要勇于质疑一些最根深蒂固的假设，以批判性的眼光来审视我们的观念和行为，让学生们看到这件事虽然不容易，但会让我们受益匪浅，有时会让我们更相信这些假设，有时也会让我们改变这些假设。

示范的关键在于公开和直接，要想实现预期效果，这两点都是必不可少的。相比之下，私下示范，如批判性思考你对学生所做的假设，尽量从多个角度审视自己的教学，可能让你成为一名优秀的教师，但却让学生失去了向教师学习批判性思维的机会。间接示范，如利用《关键事件调查问卷》收集学生的信息，却不让学生知道这些数据是否肯定或质疑了你对教学所做的假设，也会让学生失去学习批判性思维的绝佳机会。

分享个人经历

对于各学科的教师来说，最有效的示范方法之一是，分享自己运用批判性思维的经历。如果让不同学科的学生告诉你哪些方法可以帮助他们学习新的技能和知识，他们的答案毫无疑问会是——老师用个人的例子来解释相关内容。当然，个人例子的分享要恰到好处，侃侃而谈自己的经历短期内可能让学生觉得妙趣横生，可如果脱离了教学目的，很快就会演变成自我欣赏。

在批判性思考那些理所当然的看法和做法这一方面，教师分享个人经历得到了积极的反响。举一个我个人的例子，在《成为批判反思型教师》(Brookfield，1995) 一书中，我讲述了自己苦苦学习游泳的经历，指出这一经历改变了我对有效教学所做的根本性的假设。我解释到，它改变了我对同伴教学的想法，既肯定了我的部分假设——创造空间让学生分享自己的学习经历，也让我开始质疑教学示范的作用。

在我写的数百篇文章和 15 本书中，《成为批判反思型教师》(Brookfield，1995）这本小书在读者中引起的反响最强烈，因为我在其中分享了个人经历，引起了读者的共鸣，而这一点仅靠勾勒出批判反思的模型是做不到的。当然，模型也很重要。不过，这本书的目的是为了说明批判反思取决于教师能否以学生和同事的认识、研究、理论以及他们的个人经历为素材。同样的情况也出现在我举办的批判性思维讲座中，当我利用上面的例子来解释如何批判分析个人经历时，往往是学生们觉得最有趣和最有益的时候。

因此，作为一名教师，不管你教的是物理还是政治学，是艺术史还是天文学，是西班牙语还是社会学，告诉学生你是如何批判分析学科内容的，这是最能帮助学生学习批判性思维的方式。你举的例子越实际越好，虽然学生也欢迎你分享自己做学生时的经历，或者第一次遇到高难度的材料时是怎么做的，但如果能帮助学生解决当下面临的问题，那就更加有效了。

示例：怎么讲种族主义

作为一名教师，教学过程中，我觉得最难的就是讲种族主义的相关内容。作为一名白人男性，我是主流文化中享受特权的一员，对不同种族的人持有各种未经检验的假设。我经常会讲教育领导学这门课，这是我的教学任务，对我来说，既然做优秀的领导者意味着处理企业和社区内威胁着人们的各种“主义”（如种族主义、性别主义、歧视残疾人、同性恋恐惧症，等等)，那我教的这类课程就得让他们做好充分的准备。为此，我采用了很多模拟、情景及案例研究，试图通过真实、具体的场景来讲相关内容，同时，我也会有意公开分享自己的相关经历，借此吸引学生的注意力。

首先，我谈了自己对白人至上这一种族主义意识形态的认识。这里所说的“白人至上”并非雅利安白色人种优势论，即北欧人是上帝选出来的纯粹的人种，比其他人种更加智慧，其他所有的人种只配做廉价的劳动力，或被奴役，或被驱逐。我指的是一种更加微妙的假设，即白种人最适合做领导者，能代表多个种族做出明智的决定。同样，男权政治的意识形态也认为男性是最能做出明智决定的人。

我谈到自己是如何在不知不觉中了解了这一意识形态的。由于我的肤色，我已经习惯了被人当作是教育界的权威人士，以至于我真的相信了这一点，不知不觉地助长了看似毫无争议的白人至上的标准。我谈及了自己的写作方法，从来不曾对自己发表文章的权利有过什么怀疑。我注意到，白人认识论（Paxton，2010）这一启蒙思想——理性、独立的分析是智能演化的最高点，渐渐在我的意识里扎了根，种族主义——白人至上意识形态的结构性表现，总是以出其不意的方式在我的脑子里作怪。有一次坐飞机时，看到一位黑人飞行员走进驾驶舱，我立马暗想：“这趟航班安全吗?”——纳尔逊·曼德拉也有过这种反应，他在自传（Mandela，1994）中提到过这一点，这也就解释了意识形态制约的普遍性。

我也讲到在课堂上自己从来不提问有色人种学生，我所谓的“关心”其实是深藏在我意识里的一种种族歧视——“他们”无法承受一个白人这么“激烈”的提问。很明显，种族主义在我的心里扎了根。

我发现自己总是延长黑人学生交作业的期限，这也是源于一种白人至上的观念，认为黑人学生不像白人学生那么聪明，当然要多花一点时间了。意识到这是白人至上的意识形态对我的成功制约以后，我顿时清醒了，深感羞愧。

我向学生们公开的一个假设是，种族主义是一种个人选择，而我选择了不做种族主义者。这个假设意味着，一个白人是否选择做种族主义者，取决于他在与这种意识形态斗争时展现出的道德力量和基督教精神。根据这个假设，白人可以选择是否做种族主义者，而好心的人不会选择做种族主义者。如果接受了这个假设，那么，反对种族主义的努力能否成功就是取决于个人意志——侦察和打击“敌人”的毅力。

在课堂上，我谈到自己怎样制定了基本规则，以及怎样从不同的角度来看待这些规则。比如，我谈到过一种情况——白人学生试图让有色人种学生相信他们并未遭受种族歧视。为了避免这种情况，我制定了一条基本规则——有色人种学生在分享个人经历的时候，白人学生不得劝说他们相信不存在种族歧视，这条规则受到了部分有色人种学生的欢迎，也遭到了另外一些的批评，他们认为这条规则趾高气扬、居高临下，是家长专制——仿佛在暗示只有白人领袖能保护他们不受种族歧视的伤害，而他们自己完全保护不了自己。我曾尝试公开参加反对种族主义的活动，却常常适得其反，被指责为种族主义者。

我喜欢和大家讲自己常犯的一些失误，感谢学生们跟我分享他们对种族主义的看法，这些失误很容易被当作是趾高气扬，是在强调白人的中心地位，把其他种族的传统当成异类，宣传白人至上论和欧洲中心论的“合理性”。在我看来，期望有色人种同事“教”自己一些有关种族主义和白人至上论的东西，显然是大错特错，与种族主义斗争是他们的责任，而不是为了教我们什么。事实上，在我试图强调身为种族主义受害者的感受时，早已经失去了可信度。

最后，我告诉大家自己明白做这份工作被当成种族主义者是迟早的事，这正是这份工作的性质，我以为自己是满怀体贴和善意在工作，可一旦开始种族问题的讨论，就像一石激起千层浪，难免会激怒某些人。作为一个白人和白人至上论的代言人（在有色人种学生的眼中），我知道学生一定不信任我，但那不会阻挡我的脚步。同时，同事指责我反对种族主义不过是为了政治正确，这也在情理之中。但这些不能说明我失败了，相反，我坚信这是迟早的事，每个教学内容涉及种族主义的白人教师总有一天都会遇到。

回头看刚刚写的内容时，我发现听上去像是我很清楚自己究竟在做什么，其实恰恰相反，在讲种族问题时，我时常觉得自己很蠢、很幼稚，每次下课后，都恨不得把录像带倒回去，把刚才犯的错误给删掉，再来第二遍、第三遍，直到把它做“对”了。我试着不对自己那么苛刻，告诉自己虽然教了五十多年书，可直到过去十年才明白该怎么讲种族问题，所以觉得自己还是个生手，也是情有可原的。实际上，给学生们示范如何批判性思考反对种族主义这件事时，重要的是让大家知道你在不断地质疑和改变自己的假设，不断地为其他人的不同看法感到吃惊，所以说，觉得一切都失控了，变化太快，超出了自己的理解，这些都是正常的。

给同事示范批判性思维

本书和本章的重点一直放在怎么教学生批判性思考上，不过，要是在最后一章里没能指出批判性思维教学的另一个要素——帮助同事学习批判性思维，纯属是我的疏忽。谈到教师示范时，这一点尤其重要。要让新任教师学会怎么批判性教学，就需要有经验的同事给他们示范。这一节，我想谈谈怎么给同事示范批判性思维。

批判性会议

身为大学教师，我们百分之百确信的一件事是，我们的很多时间会花在开会上，而某些会议我们觉得是完全没必要的。在我看来，开会是一个绝佳的机会，院长和系主任可以借此机会示范批判性思维。我们知道，会议是集体决策、做出明智行动的讨论平台，既然正如第一章一直在强调的，批判性思维的终极目的是做出明智的行动，自然而然，开会就成了公开和直接示范批判性思维的绝佳时机。

一种方法是借助本书中介绍的练习，尤其是第八章有关批判性讨论的练习。“发言圈”可以确保讨论中可以听到每个人的意见，防止过早地达成一致意见。这种方法是会议场合的完美之选，因为听每个人的意见是讨论特定问题的重要基础。如果日程上的问题过多，需要把精力放在两三个可以处理的问题上，可以借助“圆圈回复”。“粉笔对话”则可以鼓励更多人参与讨论，直观地记录对一个问题的不同想法，方便寻找不同问题之间的关联。如果小组要解决一个刚出现的问题，我会借助这种方法，让大家直观地看到各种不同的看法。

《关键事件调查问卷》也适用于会议。不再问课堂参与和课堂表现等问题，改变一下措辞，把“课堂”换成“会议”，要求调查对象回答自己什么时候最投入、什么时候最跟不上，会议上的哪些举动对他们有所帮助或让他们感到困惑，等等。会议结束时，要求参会者匿名完成《关键事件调查问卷》，由一名参会者（会议主席除外）收齐所有问卷，汇总反馈中出现的主要问题，代表所有参会者准备总结报告。

每次开会时，第一件事就是汇报上次会议调查问卷的结果，所有参会者对结果进行讨论，会议主席可以谈谈上次反馈对本次会议和未来会议的启发。听上次会议的反馈汇报时，领导者可以了解他们可能完全没察觉的权力动态，明白员工对他们的举动的解读和误解。让系主任明白他们认为透明、尊重的待人方式可能被别人当成是欺骗、摆布他人，会让他们警醒。

《关键事件调查问卷》有助于了解那些没有公开但一触即发的挫折感和误解，不仅能让教师们警惕学生小组中的紧张关系，也能让管理者和领导者警惕那些没有公开但危及院系稳定的问题。每次会议上，领导者可以把这些问题摆到桌面上，充分地讨论和解决，以免问题失控。当然，要做到这一点，必须让调查对象相信系主任不知道具体的评论是谁做出的。因此，我建议每次会议上让不同的人收集问卷、汇总反馈，这样可以让参会者相信，主席绝对不会看到问卷上的内容。

会议一开始先讨论所谓的“其他问题”，有助于颠倒一贯的权力动态——先讨论会议主席事先确定和安排的问题，真正有重要问题需要讨论的参会者不得不等到会议快结束时，才有机会提出他们的问题。可是，等到主席示意可以讨论“其他问题”的时候，对于很多人而言，就是告诉他们会议差不多结束了，是时候收拾好材料，拿好手提包，关上笔记本电脑，穿上外套了。参会者提出“其他问题”的同时，主席的脚已经开始不耐烦地在地板上蹭来蹭去，四周全是纸张被收进公文包里时发出的沙沙声，电脑的电量也快用完了，难怪他们觉得自己关心的问题是被刻意回避了。

先讨论“其他问题”，会议主席可以借此向参会者传达三个重要的信息：第一，也是最重要的，说明部门职员关心的问题是最重要的问题，而不是主席和部门确定的问题；第二，可以借这个关键时刻尽早解决部门内的问题，这时提出的往往是那些被忽视的但可能存在极大危害的问题；第三，从一开始就可以把会议气氛带到高潮，鉴于某些人不知道该提什么问题，这样可以吸引大家的注意力，不过，对于会议主席来说，这常常是最难受的时刻。

另一种借开会示范批判性思维的方法是“假设清单”，在会议做出重要决定前，使用假设清单，将一些 3×5 的卡片分发给参会者，让他们在卡片上回答三个问题：

- 我们刚刚做出的决定是什么？
- 支撑这个决定的主要证据是什么？
- 这个决定会产生什么结果？

大家都写完后，就把卡片放到桌子中间，打乱顺序，这样可以保证没有人知道谁在卡片上写了什么内容。会议主席邀请一名参会者选出一些卡片，读出上面的内容。如果这几张卡片上的回答差不多，这项决定就算通过了，如果任何一个问题的回答出现了大的分歧，就需要展开另一轮讨论，再决定是否通过。当我采用这样的方式时，有时会惊讶地发现，仅针对第一个问题——我们刚刚做出的决定是什么，就存在严重的分歧，大家竟然连自己做出的决定都无法给出一致的答案，可见讨论者存在多么严重的沟通问题。

另外一个类似的方法是“故意唱反调”，即参会者尽最大的努力说明原因——为什么这项决定存在漏洞，为什么决定背后的假设不准确，哪些重要的数据和角度被忽略了，其实就是讨论者刻意找出自己的盲点。如果经过这种方法的检验后，大家依然决定做出这项决定，可以确信它的确是一项不错的决定。从某种意义上看，“故意唱反调”是运用了自然科学思想中的一个关键要素——可证伪原则（参见第二章）。

团队教学

假如我被任命为高等教育的主管者，可以利用无限的资源，我要做的第一件事就是强制规定，高等教育的课程全部采用团队教学的方式，除非有十分可信的理由让我相信不必这样。这么做有几点原因：其一，一队教师更能应对学生们不同的学习方式、种族和文化特征以及个性；其二，相较于单独一个教师，一队教师可能具备更多的才能和技巧，可以让学生从中受益。而且，本书中已经多次提到，团队教学有助于教师向学生以及彼此示范批判性对话。

一队教师可以在学生面前示范很多的批判性思维方法，他们可以礼貌地争执，指出彼此观点的优点和缺点，寻找更多信息，提出彼此忽略了的角度，指出彼此正确或错误的假设，寻找证据，等等。一队教师也可以给学生演示如何表示感谢，感谢彼此提供与他们意见相左的证据，让他们的思维得到拓展。另外，一队教师更能清楚地解释自己的决定，因为同事常会质问你为什么要这样做。

除了这些毋庸置疑的益处，团队教学还有另一个巨大的优势，它相当于在教室里安了另一双眼睛，可以从不同的角度来解释课堂活动。和同事进行批判对话，可以打破一个人教学时的沉默，了解他们是怎么看待我们的教学的。同事就像一面镜子，照出我们的行动，而这样的反映往往让我们惊讶不已。在他们分享自己怎么应对类似的危机和困境时，我们也可以检验、重构、拓宽我们的实践理论。

举个例子，如果我们问一位教师学生抵触学习的原因是什么，可能会听到一大堆答案，有的原因我们自己已经发现了，而有的原因，比如我们可能做了错误的承诺、学生认为我们不诚实、我们低估了学生对批判质疑的恐惧，我们却从来没有想到。当我们继续追问如何应对时，他们的答案可能让我们吃惊不已，让我们对这个问题有了新的解读。我们可能从来不会想到向学生道歉，向他们证明某项学习的益处，或者时常注意我们的亲身示范。

和其他教师谈谈我们共同面临的问题，了解他们的看法，有助于我们摸索出适合具体情况的对策。其他教师眼中的问题和原因可能比我们的解释更准确，如果是这样，算是帮了我们一个大忙，让我们能很好地解决问题。如果连问题的原因都没有认清，何谈解决问题呢？

所以说，要想批判地澄清问题，就有必要检验我们对问题的看法、应对办法、假设以及反驳同事的理由。这样，也会让我们有更多的情感寄托，因为我们渐渐明白，我们以为的那些独特和特殊的问题其实其他的很多教师同样也会面临。明白了这一点，可以避免我们一生坠入挫败的深渊之中。批判反思虽然是从一个人开始的，但最终还是一项集体的活动，我们需要同事们来指出我们的假设，帮助我们改变权力结构——让民主的行为和价值观在学校内外都受到推崇。

另外，团队教学也可以帮助教师应对随时都可能出现的“过山车”问题——我们相信世界是混沌的，能不能当好老师全凭运气，抱着这样的想法，我们就无法控制自己心情的起起伏伏，就像坐过山车一样。某一天，一个小小的成功导致我们出奇地自信，隔了一天，一个小小的失败（例如二十条正面评语中出现一条负面的）又让我们备受打击，因为这说明我们能力不够。如果我们怀着这样的心情——“风声鹤唳，草木皆兵”，是不可能生存太久的，要么不再教课，要么得费力（冒着最后的风险）掩饰这种每天都会出现的心情。

以我个人的经验为例，每次下课后，我也常为自己无力应付某些事情而深感沮丧，为那些无法回答的问题、不知如何回复的评价以及无法让学生清楚地理解材料的例子而纠结。如果学生不愿学习，我也常常会自责，假设那些最优秀、最积极的学生也时不时会表现出的愤怒、敌意、憎恨和冷漠全是因为我引起的。

因为相信这些情绪和感受是由自己导致的，自然而然，我就推出一个结论——解铃还须系铃人，我有责任让那些抵触、不喜欢和厌恶学习的学生变成爱学习的好学生，让他们享受求知的乐趣。假使我做不到这一点（几乎总是这样），我就会沉浸在羞愧之中，因为我觉得这是一个确凿的证据，恰恰说明自己没有能力教学。因此，通过团队教学，其他教师可以指出我们忽略的那些好的地方，纠正我们这种不平衡的感受。

上一章概括了批判性思维相关的一些风险，包括冒名行骗、文化自杀、丧失纯真和长途奔跑。需要说明的是，不只学生，教师常常也得承担这样的风险。我就时常觉得自己是在冒名行骗，给同事们推销新观点和新想法的时候，也是在文化自杀。另外，我也渴望找到一本指南或者一个人来帮我解决所有的教学问题，也常常会像跌落谷底的土狼一样，感到无所依靠。好在通过团队教学，其他教师可以帮助我管控这些风险，他们可以减少我冒名行骗的感觉，帮助我树立自信，即使他们没有应对文化自杀、丧失纯真和长途奔跑的策略，单单是知道不是只有我有这样的经历，对我已经是极大的宽慰了。如果你觉得自己是唯一面对问题的人，很可能会因为尴尬和无力感而放弃，相反，如果你知道这些挫折是大家都在经历的，你会放下心来，不再以为自己无才无能。

网上示范批判性思维

高等教育的发展日新月异，本书出版的时候，我提到的网络平台和网络工具可能早已经过时了，但我百分之百确信的一点是，网络教学只会与日俱增。大部分面授课都结合了网络技术和面对面的沟通交流。以我个人为例，面授课课间休息时，我会把上节课学生提问的相关链接放在黑板上，上第二节课时，我会把黑板上的内容投放到屏幕上，让学生看到这个新资源。或者，如果我提到了新的作者或研究者，我也会花上几秒钟，把他们著作的链接投放出来。

和网络教学的其他方面一样，很多与同步面对面教学相关的方法也适用于非同步的网络环境，教师示范也不例外。要是我想让学生们批判性思考一个概念或者一条信息，就要在一开始给他们亲身示范，不过不用说，我示范的内容绝对不会是正在讲的内容，这样做的目的是通过相似内容的示范，让学生学会一般性的技巧，而不是简单地照搬照抄。

当我向不同的组织调查怎么帮助大家批判性思考的时候，总是会观察它们是怎么开会的，如果是电脑远程会议，可以很方便地引入“肯定和质疑引言”“发言圈”和“圆圈回复”等工具，甚至“粉笔对话”也可以用到网络会议中，只需要借助这些软件平台上的白板工具。

《关键事件调查问卷》也可以方便地用到网络环境中。随着软件平台技术的发展，匿名回复变得越来越方便，学生每周可以定时提交完成的调查问卷，教师在收到回复后 24 小时内，进行总结和分享。当然，在非同步的学习环境中，学生反馈涉及的范围可以更广，而不像同步的面授课，学生要在每节课上同步完成问卷，学生的学习程度各不相同，让反馈汇总变得更为复杂。同时，书面汇总问卷上的评语和相应的反馈，也要比口头汇总和公布花更长时间。但本质上，网上和面授课上的问卷调查原理是一样的。

或许，网上示范批判性思维，最重要的是向学生演示如何评估网络信息的准确性和可靠性。信息能力和数字能力的概念人尽皆知，但它们通常强调的只是搜索和管理信息的能力，这样一来，教师们所谓的数字能力也不过是将手持设备引入课堂教学。但从批判性思维的角度来看，最好能让学生明白，就像通过书本和期刊传播知识一样，在互联网上创造知识也是一个政治过程。举个例子，有关词条的创建，维基百科有五条原则，而第五条是没有硬性规定，其他四条则做出非常具体的规定，包括保持中立和文明、礼貌的互动。

批判分析维基百科和其他来源的信息，需要借鉴批判性思维的不同思想渊源（参见第二章）。从自然科学的角度出发，我们要关注证据和透明度，这是任何好的实验都应具备的要素。根据这一思想，网络信息是否可靠，判断的标准是是否直接提供了证据以及是否公开给出了背后的推理过程。

从分析哲学的角度来看，我们可以判断网上的观点利用了多少常见的语言把戏来让它们变得貌似合理。常见的例子包括：反复重复一个歪曲的观点，希望借此让它显得合情合理；把个人的观点伪装成大部分人的意愿，比如说“美国人民绝不接受……”或者“美国人民真正想要的是……”；通过不准确的类推，贬低对手的观点（例如“是纳粹主义的前兆”）；或者选择一个特例，进行毫无根据的概括，将个体的特殊问题概括为整体的问题。

而我认为，最让我们深受启发的是批判理论的思想传统。批判理论家问的第一个问题是，“这条信息让谁从中受益，损害了谁的利益?”因此，网络信息也被当作服务于一定利益的政治产物来分析，我们首先要找的是网站的赞助商，就像传统的出版社有一定的内部规定，判断哪些内容能否出版、哪些内容是否具有煽动性一样，网站主管也有自己的内部规定。从这种意义上来说，貌似公正客观的网站也会成为广告赞助商手中的工具，就像那些靠广告营利的报纸，抑或某些电视台——播什么节目取决于商业公司愿意出多少钱插播广告。另外，我们也要考虑谁能接触到这些信息，这会突出某个社会中不同阶层、种族和年龄之间以及第一世界和第三世界之间的数字鸿沟。

批判理论对信息能力和数字能力最明显的影响在于，启发我们分析网络信息是否代表了主导的意识形态。第二章给出的批判理论的定义是，假定不平等和排外之所以看似正常合理是因为主导意识形态的传播，即组成我们大部分的思维和行为的一系列信念和实践。从这个角度来看，声称中立的网络信息也值得怀疑。要对它的内容进行分析，判断它是否代表了主导的观念和想法。批判的种族理论则着力检视描述不同种族群体的特征的信息是否包含轻微的种族歧视，以及白人至上的观念。

示范的风险

尽管本章一直在强调示范批判性思维的价值，但这一节中，我想借用实用主义的观点（参见第二章）来说明，教师示范也会产生各种预想不到的结果，所以也要经过实验。具体的示范因学生而异，因班级而异，因学科而异，也因教师而异。根据多年来学生在调查问卷中的反馈来看，批判性思维的示范也会带来某些可以预测的风险。

照搬照抄

第一个风险在于，演示批判性思维的时候，我们可能给学生提供了一个样板，让他们亦步亦趋，照搬照抄，以此获得我们的赞赏，最后取得好成绩。作为教师，我们面对的一个难题是，既要充分示范一般性的技巧，好让学生学会分析具体的问题，又不能太贴近学生正在学习的内容。某种程度上，第六章都是在探讨这个问题，提供了大量的问题、练习和技巧，帮助学生进行文献批评，但这些技巧又停留在一般的层面上。换言之，可以问这些问题，也可以用这些技巧，但不要指望得到预定的答案。

这是示范批判性思维时最重要的原则——在你演示的技巧和练习中，不应暗含任何预定的答案。你示范的技巧虽然是具体的，让学生们松了一口气，但又不能让他们事先知道最终的结果是什么。因此，第八章中的练习，包括“发言圈”“圆圈回复”和“粉笔对话”，虽然都很具体，但并不暗含预定的答案，这也是讨论和批判性思维的另一个交集——事先都不知道终点在哪里，也就是说，开始批判性思考的时候，你并不知道结果会是什么。

示范难度太大，让人望而生畏

这一风险源于公开示范和直接示范，这样的示范让学生目不暇接，其难度大大超出了他们的能力。我还记得研究生院的一个讲座，主讲者向我们演示如何批判分析文本。他一行一行地连着分析了好几页，在他看来很轻松、很自然，而我却觉得自己永远也做不到他这样。所以说，这种示范不仅没能引导我开始独立的文本分析（他示范的目的），反而让我确信，自己不具备完成这项任务的能力。

他的示范怎样才更有效呢？假如一开始他就说明自己就是做这个的，已经练了十年之久，我可能会明白这样天衣无缝的“表演”是多年尝试和练习的结果。假如他一开始先谈谈自己第一次做文本分析时遇到的困难、初期的焦虑和失误，或者自己冒名行骗的感觉，也许更能激励我去尝试。可他并没有，所以让我觉得，他的示范不过是在炫耀自己在这方面有多优秀。

示范怀疑和自我怀疑让学生产生焦虑

这一风险来源于批判性思维的内在要素——批判质疑的示范，例如公开承认你早先的假设是错的，你不确定你的答案是否正确。为了示范批判性思维，就要勇于接受你的分析是错的、你的观点不对这样的可能性，告诉学生你不确定自己做得是否正确。可是，学生并不能体会你的良苦用心——让学生明白，真正的求知就意味着某一天你会发现自己是错的，反而认为你不称职。这种情况下，示范自我怀疑会让学生产生焦虑，尤其是他们早已对质疑假设和多角度思考望而生畏。

正如教学一样，示范批判性思维，时机也是至关重要的。假如学生对你已经充分信任了，示范自我怀疑抑或批判分析自己的推理自然会取得良好的效果。如果你已经为学生提供了有用的练习和指导、实用的释例和解释，回答了有关批判性思维的疑问，你已经充分建立了“公信力”，就可以为学生示范自我怀疑了。可要是一开始就让学生看到你在一件事上犹豫不决，或者多次改变了想法，而且未来有了新的事实和经验，可能会再次改变看法，这会让已经濒临崩溃的学生更加焦虑。

和批判性思维的很多教学方法一样，《关键事件调查问卷》在这里也可以派上用场。学生的匿名反馈——哪个环节最吸引人、哪个举动最有用，可以帮你“读懂”学生是否准备好接受你的示范。如果从学生的反馈来看，课堂活动是有用的，你提供的释例和解释也是吸引人的，你就可以开始示范自我怀疑，而且可以相信会实现预期的效果。相反，假如调查问卷上满是学生的困惑和不解，那最好后退一步，重整旗鼓，采用一些让人安心的方法（教师展示、明确的指导和解释或者引导性的活动），然后再考虑向学生说明自我质疑和改变想法是批判性思维的必要组成部分。

示范多角度思考让学生产生困惑

这个风险来自主体性理解的示范——向学生演示你可以选择不同的世界观和理论框架，这会让他们一头雾水，搞不懂你在想什么。我们对批判性思维活动的一个期望是，它能帮助学生摆脱固有的观念，从不同的角度思考问题。我们希望学生能抛开那些惯性思维，从不同寻常的角度切入思考，就像跨文化体验一样，你得理解和接受不同的文化，明白自己认为正常和普适的东西只是诸多可能之中的一种。借用维戈茨基（Vygotsky，1978）的“最近发展区”来解释，就是批判体验可以让学生跳出自己的思维惯性，尝试从崭新的角度来思考和行动。

然而，如果方法不当，多角度思考只会在学生心中播下迷茫和困惑的种子，团队教学则可以避免这种可能。如果不同的教师可以明确说明，在接下来15～20分钟的讨论里，他们会用不同的理论框架来分析问题，学生更能明白同一个问题可以从不同的角度分析。相比之下，如果只有一个教师来教学，让他跟学生们说“现在我站在第一个角度来讲，现在我站在第二个角度来讲，现在我站在第三个角度来讲”，就困难多了。如果条件不允许，只能一个人来教的话，也可以借助一些直观的方法。我最钟爱的是利用棒球帽：戴上明尼苏达双城队的帽子，我会站在第一个角度解释；戴上洛杉矶道奇队的帽子，我会站在第二个角度解释；戴上波士顿红袜队的帽子，我就站在第三个角度解释。

另一种方法是“使用不同的口气”（参见第三章）。我在教室四周的三四个位置贴上标记，分别代表不同的理论模型或分析角度，然后分别站在不同的位置阐述某个内容，每次都假装自己相信每个位置代表的观点是完全正确的。接着，要求学生选择自己最相信的观点，走到对应的位置上，相互交流彼此的理由，在纸上或者小组报告中写出来。每个小组公布完自己的理由后，如果别的观点更让他们信服，他们可以改变自己的选择。最后，要求学生解释自己改变选择的理由。

过早给出真实的答案

课堂上，很多教师最害怕的就是学生的提问——“但是，教授，您是怎么看的呢?”要想让学生批判性思考自己和别人的假设，鼓励学生做出自己的独立判断，那么，我们最不愿意的就是告诉学生我们对问题的看法，因为这样做存在一个风险——学生会把我们的答案奉为绝对真理，当成对问题的“正确”看法。然而，要想给学生示范批判性思维，又不给出我们的看法似乎自相矛盾，毕竟，我们要求学生说出他们的新想法，难道学生不该期望我们也说出自己的想法吗?

针对这个问题，我的对策虽然有点复杂，但无数次帮我应付了类似的情况。大体上，我告诉学生会给他们两三个答案，其中一个是我的真实想法，其他两个也有道理，但不代表我的真实观点。我向学生简单地解释这两三个答案，要求他们投票选择哪个答案代表我的真实想法，根据学生的选择把他们分成小组，给他们几分钟时间，相互讨论自己的理由。

然后把全班学生重新召集起来，要求每组公布自己的主要原因。我要求他们着重指出我的观点背后的假设，并提供相应的证据。这时，学生将会回顾以前讲过的内容和我举出的证据，或者指出我的答案和课本内容之间的关联。

我很喜欢这项练习，因为我跟学生做了妥协，让他们知道，我不是在玩猜谜游戏——隐藏自己的观点，对那些跟我意见相左的学生大做文章。相反，学生可以了解我的真实想法，但需要费一番周折。我没有直接告诉他们我的想法，这不会影响接下来的讨论，他们得费一番脑筋，回顾以前讲过的或者课本上的内容，然后才能了解我的真实想法。在我看来，这项练习实现了一个完美的平衡，既没有直接回答他们的问题（既实现了示范的目的，又防止学生照搬照抄），又没有完全回避他们的问题（既强迫学生思考自己的想法，又先给学生做了示范）。

小　　结

本章重申并更深入地探讨了公开、直接示范批判性思维的重要性，它必不可少，同时又极其复杂，如果能得到学生的反馈，就会容易很多，所以本书一直在强调《关键事件调查问卷》的作用。在我看来，《关键事件调查问卷》是一个最有效的工具，可以了解学生对我的教学的真实看法。除此之外，还有一些其他的课堂评价方式（Anderson，2002；Brookhart，2000；Bulter & McMunn，2006）。不过，真正重要的不是利用什么工具，而是明白一条一般性的原则——教师的决策好坏，取决于是否了解学生的学习方式。

虽然本书一直在提供一般性的建议以及可以实际操作的例子、技巧和方法，但最后我还想再提醒大家一点：学习批判性思考是个十分复杂的过程，因学科、学生和教师而异，我没有办法“穿着你的鞋子走路”——去了解你的学生，走进你的教室和教研室，所以千万不要羞于从本书中“窃取”想法和技巧，把它们用到你的教学中。正如我之前所说，高明的教师都是“惯贼”，善于潜堂入室，翻箱倒柜，盗窃“最值钱”的东西（这么说不是因为我作过案）。若是觉得本书有什么有价值的东西，请尽管借用到你的教室、社区或者企业中，毕竟没有人比你更了解你的工作环境。

最后，我要坦白一点，我自己也在不断改进教学方法，不用说，我时常还觉得自己是个冒名行骗者或者新手，尽管我已经教了四十多年。不过，我知道下面这些绝对是实话：

- 每教一门新课，与新的同事一起工作，我都会了解一些新的东西，改变自己对学习和教授批判性思维的看法。
- 随着科技变化的脚步日益加快，本书出版之时，我肯定已经掌握了一些新的技术。
- 不管处于什么样的环境，批判性思考的能力都关乎生存，能帮助你做出符合你的最大利益的选择。
- 总会有很多人试图压制你的批判性思考，因为他们害怕越来越难控制你。
- 虽然主导的意识形态推崇批判性思维，每家企业也都认为应该把它纳入学习和工作中，但真正的批判性思维还是有风险的。
- 努力批判性思考是值得的。

读书笔记

参考文献

Adams, K. L. "The Critical Incident Questionnaire: A Critical Reflective Teaching Tool." In *Exchanges: The Online Journal of Teaching and Learning in the CSU*, 2001. Retrieved on Feb. 22 from http://www.exchangesjournal.org/classroom/ciq_pg1.html

Allman, P. *Revolutionary Social Transformation: Democratic Hopes, Political Possibilities and Critical Education*. Westport, CT: Bergin and Garvey, 2000.

Allman, P. *Critical Education Against Global Capitalism: Karl Marx and Revolutionary Critical Education*. Westport, CT: Bergin and Garvey, 2001.

Anderson, L. W. *Classroom Assessment: Enhancing the Quality of Teacher Decision Making*. Mahwah, NJ: Lawrence Erlbaum Associates, 2002.

Andolina, N. *Critical Thinking for Working Students*. Albany, NY: Delmar/Thomson Learning. 2000.

Andolina, M. *Practical Guide to Critical Thinking*. Albany, NY: Delmar/Thomson Learning. 2002.

Argyris, C. *Organizational Traps: Leadership, Culture, Organizational Design*. New York: Oxford University Press, 2010.

Barnet, S., and Bedau, H. *Critical Thinking, Reading, and Writing: A Brief Guide to Argument*. Boston: Bedford/St. Martin's, 2005.

Bassham, G., Irwin, W., Nardone, H., and Wallace, J. M. *Critical Thinking: A Student's Introduction*. (3rd ed.) New York: McGraw-Hill, 2007.

Baudrillard, J. *The Mirror of Production*. New York: Telos Press, 1975.

Belenky, M. F., Clinchy, B. M., Goldberger, N. R., and Tarule, J. M. *Women's Ways of Knowing: The Development of Self, Voice, and Mind*. New York: Basic Books, 1986.

Bergin, D. A., and Cooks, H. C. "High School Students of Color Talk About Accusations of 'Acting White'." *Urban Review*, 2002, 34(2), 13–34.

Bronner, S. E. *Critical Theory: A Very Short Introduction*. New York: Oxford University Press, 2011.

Bronner, S. E., and Kellner, D. M. (eds.). *Critical Theory and Society: A Reader.* New York: Routledge, 1989.

Brookfield, S. D. "Tales from the Dark Side: A Phenomenograhy of Adult Critical Reflection." *International Journal of Lifelong Education*, 1994, *13*(3), 203–216.

Brookfield, S. D. *Becoming a Critically Reflective Teacher*. San Francisco: Jossey-Bass, 1995.

Brookfield, S. D. *The Power of Critical Theory: Liberating Adult Learning and Teaching*. San Francisco: Jossey-Bass, 2004.

Brookfield, S. D. "Overcoming Impostorship, Cultural Suicide and Lost Innocence: Implications for Teaching Critical Thinking in the Community College." In C. McMahon (ed.), *Critical Thinking: Unfinished Business*. San Francisco: Jossey-Bass, 2005.

Brookfield, S. D. *The Skillful Teacher: On Trust, Risk and Responsiveness in the Classroom*. (2nd ed.) San Francisco: Jossey-Bass, 2006.

Brookfield, S. D. "When the Black Dog Barks: Adult Learning in and on Clinical Depression." In T. Rocco (ed.), *Challenging Ableism, Understanding Disability: Including Adults with Disabilities in Workplaces and Learning Spaces*. San Francisco: Jossey-Bass, 2011.

Brookfield, S. D., and Holst, J. D. *Radicalizing Learning: Adult Education for a Just World*. San Francisco: Jossey-Bass, 2010.

Brookfield, S. D., and Preskill, S. *Discussion as a Way of Teaching: Tools and Techniques for Democratic Classrooms*. (2nd ed.) San Francisco: Jossey-Bass, 2005.

Brookhart, S. M. *The Art and Science of Classroom Assessment: The Missing Part of Pedagogy*. ASHE-ERIC Higher Education Report Series, Vol. 27, No. 1. San Francisco: Jossey-Bass, 2000.

Browne, M. N., and Keeley, S. M. *Asking the Right Questions: A Guide to Critical Thinking*. (8th ed.) Upper Saddle River, NJ: Pearson/Prentice Hall, 2007.

Bruff, D. *Teaching with Classroom Response Systems: Creating Active Learning Environments*. San Francisco: Jossey-Bass, 2009.

Butler, S. M., and McMunn, N. D. *A Teacher's Guide to Classroom Assessment*. San Francisco: Jossey-Bass, 2006.

Calderon, J. "Perspective Taking as a Tool for Building Democratic Societies." *Diversity and Democracy*, Vol. 14, No. 1. Retrieved on February 24, 2011, from: http://www.diversityweb.org/DiversityDemocracy/vol14no1/calderon.cfm?utm_source=news&utm_medium=blast&utm_campaign=divdemvol14no1

Casey, J. G. "Diversity, Discourse, and the Working-Class Student." *Academe*, 2005, *91*(4), 33–36.

Chaffee. J. *Thinking Critically*. (8th ed.) Boston: Houghton Mifflin, 2006.

Chaffee, J. *The Philosopher's Way: Thinking Critically About Profound Ideas*. (2nd ed.) Upper Saddle River, NJ: Pearson/Prentice Hall, 2008.

Cherryholmes, C. H. *Reading Pragmatism*. New York: Teachers College Press, 1999.

Conrad, M. F. *How to Stop Assumicide: How to Think Critically About What You Believe Without Destroying Your Faith*. Tallahassee, FL: The Learning Doctor, 2008.

Cooper, S., and Patton, R. *Writing Logically, Thinking Critically*. (6th ed.) New York: Pearson/Longman, 2009.

Derrida, J. *Writing and Difference*. New York: Routledge, 1978.

Diestler, S. *Becoming a Critical Thinker: A User Friendly Manual*. (5th ed.) Upper Saddle River, NJ: Pearson/Prentice Hall, 2009.

Eagleton, T. *Ideology: An Introduction*. London: Verso Press, 2007.

Elder, L., and Paul, R. W. *The Miniature Guide to the Art of Asking Essential Questions*. Tomales, CA: Foundation for Critical Thinking, 2006.

Elder, L., and Paul, R. W. *The Thinker's Guide to Analytic Thinking*. Tomales, CA: Foundation for Critical Thinking, 2010.

Evans, C. "Historicism, Chronology and Straw Men: Situating Hawkes' 'Ladder of Inference'." *Antiquity*, 1998, *72*, 398–404.

Finkel, D. L. *Teaching with Your Mouth Shut*. Portsmouth, NH: Heinemann, 2000.

Fisher, A. *Critical Thinking: An Introduction*. New York: Cambridge University Press, 2001.

Flew, A. *How to Think Straight: An Introduction to Critical Reasoning*. (2nd ed.) Amherst, NY: Prometheus, 1998.

Foucault, M. *Power/Knowledge: Selected Interviews and Other Writings, 1972–1977*. New York: Pantheon Books, 1980.

Freire, P. *Education for Critical Consciousness*. New York: Continuum, 2005.

Fromm, E. *Escape from Freedom*. New York: Holt, Rinehart and Winston, 1941.

Fromm, E. *Marx's Concept of Man*. New York: Ungar, 1961.

Gay, G. *Culturally Responsive Teaching: Theory, Research, and Practice*. (2nd ed.) New York: Teachers College Press, 2010.

Ginsberg, M. B., and Wlodkowski, R. J. *Diversity and Motivation: Culturally Responsive Teaching in College*. (2nd ed.) San Francisco: Jossey-Bass, 2009.

Glowacki-Dudka, M., and Barnett, N. "Connecting Critical Reflection and Group Development in Online Adult Education Classrooms." *International Journal of Teaching and Learning in Higher Education*, 2007, *19*(1), 43–52.

Gould, R. "The Therapeutic Learning Program." In J. Mezirow and Associates, *Fostering Critical Reflection in Adulthood: A Guide to Transformative and Emancipatory Learning*. San Francisco: Jossey-Bass, 1990.

Gramsci, A. *Selections from the Prison Notebooks*, ed. Q. Hoare and G. N. Smith. London: Lawrence and Wishart, 1971.

Gramsci, A. *The Antonio Gramsci Reader*, ed. D. Forgacs. New York: New York University Press, 1988.

Habermas, J. *The Theory of Communicative Action: Volume Two, Lifeworld and System—A Critique of Functionalist Reason*. Boston: Beacon Press, 1987.

Hagstrom, D. *From Outrageous to Inspired: How to Build a Community of Leaders in Our Schools*. San Francisco: Jossey-Bass, 2004.

Herrera, S. *Biography-Driven Culturally Responsive Teaching*. New York: Teachers College Press, 2010.

Hooks, B., and West, C. *Breaking Bread: Insurgent Black Intellectual Life*. Boston: South End Press, 1991.

Horkheimer, M., and Adorno, T. *Dialectic of Enlightenment*. New York: Seabury Press, 1972.

Horton, M. *The Myles Horton Reader: Education for Social Change*. Knoxville, TN: University of Tennessee Press, 2003.

Janis, I. L. *Groupthink: Psychological Studies of Policy Decisions and Fiascoes*. Boston: Houghton Mifflin, 1982.

Keefer, J. "The Critical Incident Questionnaire: From Research to Practice and Back Again." In *Proceedings of the 2009 Adult Education Research Conference*. Chicago: Dept. of Adult and Continuing Education, National Louis University, 2009, pp.177–182.

Kuhn, T. S. *The Structure of Scientific Revolutions*. Chicago: University of Chicago Press, 1962.

Lacan, J. *The Four Fundamental Concepts of Psychoanalysis*. London: Penguin, 1979.

Laïng, R. *The Divided Self: A Study of Sanity and Madness*. London: Tavistock Publications, 1960.

Lee, H. J. "Thrust into Leaning and Thinking Critically: East Asian Doctoral Students' Experience, Meaning, and Process of Engaging in Critical Reflection at U.S. Universities." *Proceedings of the Transnational Migration and Adult Education Conference: Global Issues and Debates*. Toronto: Dept.

of Adult Education, Ontario Institute for Studies in Adult Education, 2011.

Lindeman, E. C. L. *The Meaning of Adult Education*. Montreal: Harvest House, 1961. (First published by New Republic, 1926.)

Loach, K. *Family Life*. London: Kestrel Films, 1971.

Lyotard, J. *The Postmodern Condition: A Report on Knowledge*. Minneapolis: University of Minnesota Press, 1984.

Mandela, N. *Long Walk to Freedom: The Autobiography of Nelson Mandela*. Boston: Little Brown and Company, 1994.

Marcuse, H. *One Dimensional Man*. Boston: Beacon, 1964.

Marcuse, H. "Repressive Tolerance." In R. P. Wolff, B. Moore, and H. Marcuse. *A Critique of Pure Tolerance*. Boston: Beacon Press, 1965.

Marcuse, H. "Philosophy and Critical Theory." In S. E. Bronner and D. M. Kellner (eds.), *Critical Theory and Society: A Reader*. New York: Routledge, 1989.

McInerny, D. Q. *Being Logical: A Guide to Good Thinking*. New York: Random House, 2005.

McKinley, J. *Raising Black Students Achievement Through Culturally Responsive Teaching*. Alexandria, VA: American Society for Curriculum and Development, 2010.

McWhorter, K. T. *Study and Critical Thinking Skills in College*. (6th ed.) New York: Pearson/Longman, 2008.

Mezirow, J. "A Critical Theory of Adult Learning and Education." *Adult Education*, 1981, *32*(1), 3–27.

Mezirow, J. *Transformative Dimensions of Adult Learning*. San Francisco: Jossey-Bass, 1991.

Mezirow, J., and Associates. *Learning as Transformation: Critical Perspectives on a Theory in Progress*. San Francisco: Jossey-Bass, 2000.

Mezirow, J., and Taylor E. (eds.). *Transformative Learning in Practice: Insights from Community, Workplace, and Higher Education*. San Francisco: Jossey-Bass, 2009.

Mills, C. W. *The Sociological Imagination*. New York: Oxford University Press, 1959.

Mills, C. W. *The Marxists*. New York: Dell, 1962.

Nosich, G. M. *Learning to Think Things Through: A Guide to Critical Thinking Across the Curriculum*. (3rd ed.) Upper Saddle River, NJ: Pearson/Prentice Hall, 2009.

Orwell, G. "Politics and the English Language." In G. Orwell (ed.), *A Collection of Essays*. New York: Doubleday, 1946.

Palmer, P. A *Hidden Wholeness: The Journey Toward an Undivided Life*. San Francisco: Jossey-Bass, 2008.

Pari, C., and Shor I. (eds.). *Education Is Politics: Critical Teaching Across Differences, Postsecondary*. Portsmouth, NH: Boynton Cook, 2000.

Paul, R. W., and Elder, L. *Critical Thinking: Tools for Taking Charge of Your Professional and Personal Life*. (3rd ed.) Upper Saddle River, NJ: Pearson/Prentice Hall, 2005.

Paul, R. W., and Elder, L. *The Thinker's Guide to Fallacies: The Art of Mental Trickery*. Tomales, CA: Foundation for Critical Thinking, 2006a.

Paul, R. W., and Elder, L. *The Thinker's Guide for Conscientious Citizens on How to Detect Media Bias and Propaganda*. Tomales, CA: Foundation for Critical Thinking, 2006b.

Paul, R. W., and Elder, L. *The Thinker's Guide to the Art of Socratic Questioning*. Tomales, CA: Foundation for Critical Thinking, 2007a.

Paul, R. W., and Elder, L. *The Thinker's Guide to How to Write a Paragraph*. Tomales, CA: Foundation for Critical Thinking, 2007b.

Paul, R. W., and Elder, L. *The Thinker's Guide for Students on How to Study and Learn a Discipline*. Tomales, CA: Foundation for Critical Thinking, 2007c.

Paul, R. W., and Elder, L. *The Thinker's Guide to How to Read a Paragraph*. Tomales, CA: Foundation for Critical Thinking, 2008.

Paxton, D. "Transforming White Consciousness." In V. Sheared, J. Johnson-Bailey, S. A. J. Colin Jr., E. Peterson, and S. D. Brookfield (eds.). *Handbook of Race and Adult Education: A Resource for Dialogue on Racism*. San Francisco: Jossey-Bass, 2010, pp. 119–132.

Peters, R. S. *The Philosophy of Education*. New York: Oxford University Press, 1973.

Popper, K. R. *The Open Society and Its Enemies*, Vol. 1: *The Spell of Plato*. Princeton, NJ: Princeton University Press (Revised edition), 1971a.

Popper, K. R. *The Open Society and Its Enemies*, Vol. 2: *Hegel, Marx, and the Aftermath*. Princeton, NJ: Princeton University Press (Revised ed.), 1971b.

Popper, K. R. *The Logic of Scientific Discovery*. (2nd ed.) New York: Routledge, 2002. Originally published 1959.

Popper, K. R. *The Poverty of Historicism*. (2nd ed.) New York: Routledge, 2002. Originally published 1957.

Pratt, D. D., and Wong, W. "Chinese Conceptions of 'Effective Teaching' in Hong Kong: Towards Culturally Sensitive Evaluation of Teaching." *International Journal of Lifelong Education*, 1999, *18*(4), 241–258.

Reason, R. "Encouraging Perspective-Taking Among College Students." *Diversity and Democracy*, Vol. 14, No. 1. Retrieved on February 24th, 2011, from: http://www.diversityweb.org/DiversityDemocracy/vol14no1/calderon.cfm?utm_source=news&utm_medium=blast&utm_campaign=divdemvol14no1

Rogers, C. R. *On Becoming a Person: A Therapist's View of Psychotherapy*. Boston: Houghton Mifflin, 1961.

Rogers, C. R. *A Way of Being*. Boston: Houghton Mifflin, 1980.

Ruggerio, V. R. *Beyond Feelings: A Guide to Critical Thinking*. Mountain View, CA: Mayfield, 1990.

Ruggerio, V. R. *Becoming a Critical Thinker: A Master Student Text*. (6th ed.) Belmont, CA: Wadsworth, 2008.

Schick, T. Jr., and Vaughn, L. *How to Think About Weird Things: Critical Thinking for a New Age*. (3rd ed.) New York: McGraw-Hill, 2002.

Searle, J. *The Construction of Social Reality*. New York: Simon and Schuster, 1995.

Senge, P. *The Fifth Discipline: The Art and Practice of the Learning Organization*. (revised ed.) New York: New York: Doubleday, 2006.

Shor, I. (ed.). *Freire for the Classroom: A Sourcebook for Liberatory Teaching*. Portsmouth, NH: Boynton Cook, 1987.

Shor, I., and Pari, C. (eds.). *Education Is Politics: Critical Teaching Across Differences, K–12*. Portsmouth, NH: Boynton Cook, 1999.

Simon, R. I. *Teaching Against the Grain: Texts for a Pedagogy of Possibility*. Westport, CT: Bergin and Garvey, 1992.

Sinnott, J. D. *The Development of Logic in Adulthood: Postformal Thought and Its Applications*. New York: Plenum, 2010.

Smith, H. "The Foxfire Approach to Student and Community Interaction." In L. Shumow (ed.), *Promising Practices for Family and Community Involvement During High School*. Charlotte, NC: Information Age Publishing, 2009.

Souto-Manning, M., Ayers, W. A., and Shor, I. *Freire, Teaching, and Learning*. New York: Peter Lang, 2010.

Sternberg, R. J., Forsyth, G. B., Hedlund, J., Horvath, J. A., Wagner, R. K., Williams, W. M., Snook, S. A., and Grigorenko, E. *Practical Intelligence in Everyday Life*. New York: Cambridge University Press, 2000.

Storr, A. *The Integrity of the Personality*. New York: Ballantine Books, 1992. (First published in 1961.)

Taylor, E., and Cranton, P. (eds.). *The Handbook of Transformative Learning Theory*. San Francisco: Jossey-Bass, forthcoming.

Thomson, A. *Critical Reasoning: A Practical Introduction.* (3rd ed.) New York: Routledge, 2008.

Tweed, R. G., and Lehman, D. R. "Learning Considered Within a Cultural Context: Confucian and Socratic Approaches." *American Psychologist,* 2002, 57(2), 89–99.

Vaughn, L. *The Power of Critical Thinking: Effective Reasoning About Ordinary and Extraordinary Claims.* (3rd ed.) New York: Oxford University Press, 2009.

Vygotsky, L. S. *Mind and Society: The Development of Higher Psychological Processes.* Cambridge, MA: Harvard University Press, 1978.

Wall, T. F. *Thinking Critically and Moral Problems.* Belmont, CA: Wadsworth/Thompson Learning, 2003.

Waller, B. *Critical Thinking: Consider the Verdict.* (5th ed.) Upper Saddle River, NJ: Pearson/Prentice Hall, 2004.

Welsch, K. A. (ed.). *Those Working Sundays: Female Academics and Their Working Class Parents.* Lanham, MD: University Press of America, 2004.

West, C. *Prophesy Deliverance: An Afro-American Revolutionary Christianity.* Philadelphia: The Westminster Press, 1982.

West, C. *Prophetic Thought in Postmodern Times.* Monroe, ME: Common Courage Press, 1993.

Willingham, D. "Critical Thinking: Why Is It So Hard to Teach?" *American Educator,* 2007, *31*(2), 8–19.

Wittgenstein, L. *Philosophical Investigations.* (4th ed.) Malden, MA: Blackwell-Wiley, 2009.

Zamudio, M., Russell, C., Rios, F., and Bridgeman, J. L. *Critical Race Theory Matters: Education and Ideology.* New York: Routledge, 2010.

Teaching for Critical Thinking：Tools and Techniques to Help Students Question Their Assumptions，by Stephen D. Brookfield
ISBN：9780470889343